Ca... S0-DRF-266

Viaje al Pirineo de Lérida

Editorial Noguer, S.A.
Barcelona-Madrid

Cuarta edición: abril de 1974
RESERVADOS TODOS LOS DERECHOS
Diseño cubierta: Gracia-Perceval
ISBN 84 279 0824 5
Depósito legal: B. 11.374-74
© Camilo José Cela, 1965
Editorial Noguer, S. A. - Paseo de Gracia, 96 - Barcelona
Printed in Spain
1974, Gráficas Román, S. A. - Barcelona

A mi amigo don Felipe, castellano de Buñol, en el reino de Valencia, viejo artillero que perseguía los conejos a palos.

Ao meu amigo Xosé Luis, pastequeiro pontevedrés que deitábase, nudo com'o nubeiro, ao solío montesío (qu'eu ben o vin).

I al meu amic Josep Maria, quàquer barceloní, mestre en trotades de llop i home de bé.

Yo vivo con mi antigua y usada
llaneza y con la simplicidad cristiana:
voime por el camino carretero.

A. DE CÁCERES Y SOTOMAYOR

EL CALENDARIO DEL CORAZÓN

Las piernas son las alas del corazón, también el calendario del corazón y, con dos piernas, una tras otra y decididas, un hombre es capaz de patearse el mundo de banda a banda, de comerse al mundo por los pies. Virgilio cantó los pies, copiando a Homero, y Góngora, imitando a Virgilio, cantó los pies:

> Su vago pie de pluma
> surcar pudiera mieses, pisar ondas,
> sin inclinar espiga,
> sin vïolar espuma.

El viajero no tiene alados los pies, que los enseña toscos y romos: a juego con el lastre que lleva en el corazón. Al viajero le duelen ya los pies de tanto andar y, sin embargo, el viajero no quisiera detenerse jamás de los jamases: morir en medio del camino, como un viejo caballo, y con las abarcas puestas, según es uso de pastores, resulta una noble suerte de muerte, un hermoso final para andarines con la ilusión mojada por la lluvia del tiempo y con plomo en las escarmentadas alas del alma.

Son las tres y media de la madrugada del día 12 de julio de 1963, viernes; hoy hace años que murió en la plaza de Toledo la señorita torera Santa Marciana, virgen y mártir. El viajero escribe en pelota, en los hartos y pegajosos cueros del verano y socorrido por un chirriante ventilador vetusto que le barre los malos sentimientos del pecho y los malos pensamientos de la cabeza. Hace mucho calor y el viajero, pendiente del motor del agua, no puede acostarse todavía, no debe acostarse. Entonces el viajero que, a falta de mayores méritos, es algo aplicado, aprovecha para empezar un libro que debió haber escrito hace ya tiempo. Hoy es un día oficialmente alegre para el viajero. Los nacimientos son siempre oficialmente alegres; a veces, sin embargo, las alegrías oficiales acaban como el rosario de la aurora. Esta es cosa que no puede saberse hasta que sucede y ya no tiene arreglo. Los hijos que salen tontos, o que la ley cuelga de la horca, o que la guerra mata, más hubiera valido que ni naciesen. El viajero tiene el deber de estar alegre; también tiene el deber de echar un ojo por el motor del agua. El viajero fuma puros (el viajero se quitó hace unos días de fumar papel), y bebe vino tinto con sifón, que es refresco saludable y que cría muchos glóbulos rojos. Dentro de un mes hará siete años que el viajero se empezó a patear, un pie tras el otro pie, la bota de tintillo al cinto y la mochila al hombro, el montaraz escenario del libro que hoy comienza. El viajero es hombre de memoria; además, por el camino fue recogiendo y guardando flores, que es oficio de vagabundo sentimental, y apuntando en un cuaderno y con buena letra las incidencias del viaje: aquí se come bien; esta moza debe tener las carnes prietas y aromáticas (ojalá encuentre un marido que sepa gozarlas); por el río arriba salta la trucha; a ese monte que queda a la parte de levante le dicen el Cuco, en la sierra de Aurati; aquella mujer tuerta y bigotuda bien podía haberse quedado en su casa, etc. La memoria es fiel aliada del viajero; a los cuadernos no hay peligro de que le vuelen las hojas porque están cosidas (el viajero antes de llegar a la mitad del viaje reforzó su cuaderno con esparadrapo).

A siete años de un suceso (un amor, una matanza entre cristianos, un ahogado que llega hasta la orilla) el suceso ya es otro; aunque no falle la memoria, el color del poso de la memoria es otro: ni mejor ni peor, quiere decirse, sino diferente. Este libro no hubiera sido el mismo de haberse escrito sobre la marcha o inmediatamente después de la marcha. El viajero no piensa que haya acertado dejando pasar el tiempo; tampoco se atrevería a confesarse errado. El viajero tiene un concepto muy relativo de los hombres y sus situaciones (el humor, los viajes, la necesidad, etc.) y piensa que la verdad no es una sino varia, cambiante y esquiva. (Heidegger y Zubiri se han planteado el problema de la verdad más radical; éste es otro cantar e incidir sobre ello arrastraría, tanto al viajero como al lector, muy lejos de las aireadas trochas que ahora han de caminarse.) Entre europeos la verdad suele tener dos caras, como el dios Jano, dueño de las espitas de la luz y árbitro celestial de los orígenes. El viajero, en esto, se siente más cerca de los chinos, quienes piensan que la verdad, como todo, puede tener tres lados: el de cada uno de ambos dialogadores y el cierto y verdadero que, con frecuencia, no es ninguno de los dos.

Las cosas suceden siempre inevitablemente y, de otra parte, tan sólo aquello que sucede es considerable. Este libro no se escribió antes porque, según se ve, no pudo haberse escrito antes. La historia no es arte jeremíaco sino ciencia concreta y el deber viene condicionado por todo aquello que lo hace posible. Es arriesgado, pero cierto, decir que no sólo se hace lo que se puede hacer (y tan sólo lo que se puede hacer), sino que se hace siempre lo que se debe hacer y no más. Deber hacer lo que fuere, poder hacerlo y, efectivamente, hacerlo, son una y la misma cosa. El deber, el poder y el hacer no son conceptos absolutos y morales, sino evidencias de muy modestos alcances. El pecado del hombre es el orgullo, que se manifiesta en la confusión de los términos deber, poder y hacer. El hombre no debe llegar a la luna hasta que pueda hacerlo, y no podrá hacerlo hasta que realmente lo haga. (El búho de la noche, asesino de verderoles y de jilgueros dormidos en la pinada de Bellver, silbó un silbo que, en su lengua, dice: ¡filosófico estáis, jodío vagabundo!)

Sí. Las piernas son las alas del corazón y su adorno; el

calendario del andariego corazón y su lujo; el remo del corazón liberal y su postín. Al viajero ya se le van cansando las piernas de caminar el santo suelo de la dura y pagana España, y se dispone a escribir las sosegadas aventuras de su viaje (que nuestro señor el apóstol Santiago quiera no hacer el último, amén) con cierto resignado escepticismo, con no poco dolor. El viajero no teme a la vejez, aún lejana, y menos a la muerte, que nadie sabe a qué distancia está. Al viajero, en cambio, le asusta el pensamiento de llegar a perder los arrestos de tierna bestezuela que siempre tuvo. El viajero se siente, todavía, amigo del lobo del monte, del pinzón que canta en la zarza, de la libélula que tiembla en el aire, del limaco que habita las sombras del manantial. Al viajero le sobrecoge la idea de poder sentar cabeza algún día —como el caballo domado, el buey manso, el traidor cimbel, el puerco que se deja capar y cebar— y piensa que un vendedor de baratijas que va de pueblo en pueblo, un cómico de la legua, un mendigo, si hacen lo que quieren (y quizá la receta de la sabiduría sea no querer casi nada), son hombres más de admirar que un obispo o un subsecretario.

La vida no es muy larga, el que más dura no llega a los cien años. La vida es un regalo que los dioses han hecho al hombre; se les olvidó exigirle que no la hipotecasen. La vida se inventó para vivir y para dejar vivir, para caminar, para amar a las mujeres que cruzan por el camino (con la trenza suelta y la falda pronta), para comer el pan honesto y el jamón curado, para beber el agua de la fuente y el vino de los lagares, para ver mundo y hablar de las cosechas y las navegaciones, para bañarse en el restaño del río que cae del monte y secarse después al sol, sobre la yerba. El viajero piensa que la vida a contrapelo, la vida de las ciudades y los escalafones, es un pecado triste y aburrido, una atadura puesta por el diablo para mejor gobernar las almas prisioneras.

A esta altura de su vida, el viajero no tiene ya las piernas que tuvo; el viajero no se queja: comenta. A lo mejor, zurrándolas un poco aún pudiera volverlas a su ser. Las quebradas del Pallars, los montes del valle de Arán, las rumorosas algabas del Alto Ribagorza, todavía vieron pasar al viajero, camino de ningún lado, con las piernas pintadas del alegre tinte de nube de la paciencia, del gozoso color de agua de la esperanza.

Sobre el mar de Palma el nuevo sol amanece, poco a poco, tímido aún y pálido. El viajero, lleno de gratitud, se soba las piernas que le llevaron —tan clementes y fieles y puntuales alas y calendario del corazón— por los remotos paisajes que le bailan el suelto en la memoria. Después, el viajero se va a dormir. Mañana será otro día.

PRIMER PAÍS

EL PALLARS SOBIRÀ

Por la Granadella, en el Pla d'Urgell, se dice del viento: de Pallars a Morella, una meravella; de Morella a Pallars, no en tastaràs.

El viento pallarés moja, sabio y casi clemente, el Urgellet: vent de Pallars, si no portes manta, et mullaràs. La morella, o viento que chifla de la banda de la Morella (montaña que se alza allá por las costas de Garraf, entre Castelldefels y Sitges), es brisa marinera, soplo que no llega muy lejos: la morella, allí on toca lo sol, toca ella.

PASEO AL BUEN AIRE DE LA POBLA, CLAVE DE ARCO DE LOS DOS PALLARS

El viajero, como cada hijo de vecino, va a veces a pelo y, a veces, a contrapelo de los refranes. Ni en agosto caminar ni en diciembre navegar, es dicho que no reza con andarines ni mareantes. Los hombres que tienen por oficio surcar las aguas y pisar la costra amable de la tierra, suelen ser gentes responsables y alegres y valerosas, fauna poco propensa a dar pábulo a rumores ni jaculatorias. Por Santa Clara, el que se monta en tren la caga, es refrán que debiera inventarse sin pérdida de tiempo. El 12 de agosto, Santa Clara, de 1956, domingo, el viajero llegó a Pobla de Segur en tren, desde Barcelona. El viajero entiende que escribir sobre el tormento chino del humo, las apreturas y las patadas, sería grave falta de patriotismo. Sí: por Santa Clara, el que se monta en tren, si no muere, la caga.

El viajero, un poco contra sus principios y sin mirar para la economía, se mete —sin suerte— en una fonda. En Pobla de Segur hay un hotel, dos fondas, tres posadas, una casa de huéspedes, una pensión y tres mesones. Pobla de Segur es un pueblo muy clasificado, muy respetuoso con el derecho administrativo. Llorenç Cortina, el amo y cocinero de la fonda Cortina, no quiere guisar sino para los de Salás de Pallàs, tratantes en mulas, su vocación secreta.

—¿Y por qué se hizo usted fondista?

—Pues porque me dio la gana y a usted no le importa.

—¡Anda, pues también es verdad!

En la segunda semana de cuaresma se da cita en Salás de Pallàs la crema de la trajinería, la galana espuma del afanoso guirigay del tratillo, la flor y nata de los trujamanes de tiernos lechuzos, burdéganos de silla para canónigos y recias candongas de labrantío. Por las cuadras de Balust y de Sensúy, en la cuaresma, cruje el roznido terne de la mula, el animal que canta en rebuznos entreverados de relinchos. Por la cuaresma, cuando el mundo se viste de morado, Llorenç Cortina sueña con paraísos de mulas eternamente doncellas y muleros airosos como paladines. Entonces, Llorenç Cortina guisa mejor que nadie, y sonríe al parroquiano y hasta al prójimo, y salta a la pata coja, sin que nadie le vea, como los niños felices y alunados. Salàs de Pallàs es geografía que queda al sur de la Pobla, mirándose en las aguas del pantano de Talarn y viendo saltar a dola sobre la peña —a la una, andaba la mula; a las dos, la coz...— al arroyo de la Solana y a su primo pobre el arroyo de las Bruixas.

En Pobla de Segur se topan, como chotos, los ríos Flamisell* y Noguera Pallaresa, que se remansan, bucólicos y de golpes sensatos, en el pantano de San Antonio de Talarn. El Flamisell es río rápido y juguetón que viene de más allá de Capdella, de los lagos que dicen Peliá y Estany Tort, al norte del Montseny. Si se escribiese con dos eses, Flamissell, significaría llamita; con una sola, como es realmente, no quiere decir nada, aunque muy bien pudiera valer, trayéndolo del latín flumicello, por riachuelo. Cualquiera de las dos etimologías, la cierta y la falsa, se hace verdadera sin más que entornar, poético, el recuerdo: la ventana que jamás cierran ni la necesidad ni el hastío.

En casa de En Miquel Ros, en el restorán Palermo, que

---

* Mi traductor catalán escribe Flamicell, forma que no sigo; prefiero Flamisell no sólo por ser la que registra el *Diccionari català-valencià-balear*, sino también por su mejor acomodación fonética.

es nombre muy conspicuo y pirenaico, fríe las truchas un ángel delicado, clemente y sabio, a quien Dios conserve sus habilidades para mejor solaz y gratitud de todos. ¡Qué tío friendo truchas! ¡Y qué truchas gimnásticas, musculadas y sabrosas, freía el bienaventurado indino! El viajero, que barruntó que almorzaba de gorra (porque En Josep Maria Boixareu, el alcalde, es hombre con el dinero pronto y que no azuza a sus perros y a sus guardiaciviles contra quienes van de paso), rindió el tenedor cuando iba por la trucha veinticinco; en estos trances, no es indicado corresponder a la caridad con la devastación.

El Noguera Pallaresa es río ladrón de aguas, corriente devoradora de corrientes. El viajero piensa que todos estos ríos del Pirineo son como misteriosos fantasmas cuyas costumbres no se llegan a conocer nunca del todo: si las averigua, ya las irá contando.

En el hotel de la Montaña, una estrella de cine compone su mejor cara de mala leche mientras los figurantes y las figurantas devoran bocadillos de mortadela, que es embutido siniestro pero económico, beben coca-cola, bailan a los acordes de un gramófono de maleta y se meten mano sin mayor recato. Las madres de las figurantas, sentadas sobre sus poderosas cachas ibéricas, calcetean, murmuran y disimulan.

El viajero, que es amigo de bucear las familias de las palabras, piensa que Pallars significa pallers, pajares, almiares. Pallars, según lenguas —y las hay para todos los gustos y de varios sabores—, viene del latín palea, paja; o de palearis, la papada del buey y, trayéndolo un poco por los pelos, las rocas que cuelgan como cortinas; o del nombre de la diosa Palas; o del de Palato, rey legendario, pintoresco y de muy variable humor; o de palea-arx, fortaleza antigua. El viajero ni entra ni sale en la cuestión, aunque supone que en esto, como en el diagnóstico de las enfermedades, no conviene complicar demasiado las cosas, ya que lo más sencillo suele ser, probablemente, lo más cierto. Palea, en latín, significó, antes de paja larga, cascabillo y paja trillada; el primer sentido lo conserva el rético y vive, todavía, entre grisones; en el norte de Italia sigue mandando el segundo sentido; el de paja larga es el que prevaleció en los demás romances, el catalán entre ellos. En castellano se llama paja a todo: a la paja larga y a la quebrantada; el diccionario piensa que paja no significa más que caña de trigo, cebada, centeno y otras gramíneas, después de seca y separada del grano. El viajero hubiera preferido mayor precisión: caña de los cereales seca y separada del grano y, en 2.ª acep., la misma, después de quebrantada en la trilla.

La vedette con cara de carabinero blenorrágico gasta encendedor de oro con inicial en rubíes: M, quizá Marujita. Los extras, por no tener, no tienen ni cerillas y se piden fuego unos a otros. Al viajero, que fuma picadura, lo miran hasta con desprecio. El viajero cree que ni vale la pena partirles la cara de un sopapo.

El Pallars es el país que forman las cuencas del Flamisell y del Noguera Pallaresa hasta la sierra del Montsec (el pico Montsec, según el mapa militar de España, llega a los 1.678 m. de altura). Al norte de las sierras de San Gervás y Boumort queda el Pallars Sobirà (pico San Gervás, 1.834 m.; pico Boumort, 2.070 m.), capital Sort. Al sur de los montes dichos queda el Pallars Jussà, capital Tremp, que comprende los valles de Pobla de Segur y de Salás de Pallàs y las concas de Tremp y de Isona. Pallàs es la forma anticuada de Pallars. El Pallars Sobirà limita: al norte con Francia, al este con Andorra y el Alto Urgel, y al oeste con el valle de Arán y el Alto Ribagorza. El Pallars Jussà linda: a levante con la cuenca del Segre y a poniente con la del Noguera Ribagorzana.

El viajero, con la panza llena de truchas y los sesos estallantes de sabidurías, lee un cartelito desatendido y didáctico: Mujer cristiana, no deshojes la bella y delicada flor de la modestia. Apoyada en el muro que incita a la virtud, una criada de servir aguanta, gozosa, las tarascadas y los fieros

24

embates de un cabo de artillería. A veces, el cartel que prohíbe fijar carteles queda sepultado por la multicolor y jaranera nube de los carteles desobedientes. A la vida la empuja una extraña fuerza que no sabe leer ni escribir, ni falta que le hace; la vida se defiende como puede y por ahora —y a pesar de las muertes— sigue triunfando de la muerte.

El condado de Pallars es viejo como la Marca Hispánica de los carolingios; el condado de Pallars, con los condados de Ribagorza, Cerdaña, Urgel, Barcelona, Gerona y Besalú (y quizá los de Ampurias y Rosellón, hasta los Corberes), es socio fundador de la Marca Hispánica. Algunos la llaman Marca de Septimania. Septimania es el nombre franco del paisaje visigodo puesto al norte de los Pirineos: las tierras que para los visigodos francos (recuérdese que en el cantar de Mío Cid, varios siglos más tarde, todavía se llama francos a los catalanes) siempre fueron parte de Hispania, y que los visigodos mesetarios —ya separadores en el siglo VII— llamaban Galia. La Marca Hispánica y la Septimania, unidas, formaron el marquesado de Gotia o Gocia; Bera, el primer conde de Barcelona, fue marqués de Gotia.

Una niña de cuatro o cinco años, guapita, bien vestida y con el pelo sujeto en dos trenzas terminadas en sendos lazos de mariposa, se entretiene en sacarle las tripas a una lagartija.

—És que això és el dimoni!*

—Sí, hija. Hazle la señal de la cruz.

La niña le hizo la señal de la cruz y el demonio, con las tripas a rastras, corrió a esconderse entre las piedras. Bien sabido es que, desde que el mundo es mundo, el demonio suele librar, aun por tablas, de los trances más apurados y comprometidos.

—¿Y se te aparece el demonio con frecuencia?

—Sí, senyor, aquestes pedres estan plenes de dimonis.

---

* —¡Es que es el demonio!

Jo les esbutz perquè no puguin fer més ous. Qualcuns, més magres, es moren.*

La historia de los condes de Pallars arde con la Edad Media y, como la Edad Media, es tumultuaria y confusa, medio mágica, revuelta y discutida. El último conde, Hugo Roger III, casó con Catalina Albert, la heroica defensora del castillo de Valencia de Aneo; muchas reencarnaciones más tarde, en las todavía próximas fechas de la abdicación de don Amadeo y la instauración de la primera república, Catalina Albert, agazapada bajo el seudónimo de Víctor Català, se dedicó al cultivo de las bellas letras. Hugo Roger III jugó la carta del príncipe de Viana contra su padre Juan II de Aragón; tras la derrota se refugió en Sort y, cuando las cosas vinieron peor dadas, pasó primero a Francia y más tarde a Sicilia, donde fue hecho prisionero por el Gran Capitán. Como las desgracias nunca vienen solas, a Hugo Roger III lo encerraron en el castillo de Játiva, donde murió, dicen que asesinado. Fernando el Católico vendió los bienes del conde de Pallars a Juan Folch, conde de Cardona —al que ascendió a duque—, en 60.000 libras catalanas, unos 10.000 doblones castellanos, y convirtió el condado de Pallars en marquesado; hace cosa de ochenta años, tampoco más, Catalina de Aragón y Sandoval, marquesa de Pallars y duquesa de Cardona, casó con Juan de la Cerda, primogénito de los duques de Medinaceli, con lo que ambas casas ducales quedaron unidas, o dicho de otra manera, con lo que la casa ducal de Medinaceli se engulló a la casa ducal de Cardona, y aquí paz y después gloria. Y las reclamaciones, al maestro armero.

—A mí me gustaría tener un loro que supiera cantar en francés como los poetas de la Edad Media, que eran unos golfos gloriosos: on se fait putain comme on se fait nonne...

---

* —Sí, señor, estas piedras están llenas de demonios. Yo les saco las tripas, para que no puedan poner más huevos. Algunos, más débiles, se mueren.

En inglés arcaico o, quizá mejor, en viejo slang, puta y monja se decía de la misma manera: nun. Villon, de haber sido inglés, hubiera podido entretenerse con muy hermosos juegos de palabras. Hamlet, el descarado, le grita a Ofelia: Get thee to a nunnery, vete a un prostíbulo. Y Astrana, que era de la provincia de Cuenca, y antes Moratín, traducen nunnery por convento. ¡Así da gusto!

—Pues a mí lo que me gustaría era tener amores con una señora gorda y cariñosa y teñida de rubio, que hubiera heredado de un tío cura un molino maquilero.

En Pobla de Segur se crían bien los lunáticos, la civil margarita que brota en las sombrías cañadas de la sesera, y el viajero, paseando por Pobla de Segur, se encuentra como en su casa. ¡Mala señal para el prójimo! En el bar Esport, un señorito con aire de procurador de los tribunales bebe pastís. En can Fasersia, un joven con planta de seminarista bebe pastís. En el bar Llairó, un caballero con pinta de viajante de comercio bebe pastís. El viajero, que es hombre de usos antiguos y piadosos, para sí tiene que la droguería está reñida con la bodega y con la vigorosa salud que reporta la sosegada y leal y prudente frecuentación de bodegas. El viajero, en can Torrentet, y en can Ensaba, y en can Comabella, bebe vi encubellat, el aromático vino de la comarca de Tremp, que se despulla o desnuda en la bota y que es ligero y saltarín como un corzo con un alegre petardo de mil colores en el culo.

—¿Y cuánto vi encubellat bebió usted?

—Todo el que me dieron, mi amo, y aun un cuartillo más que me hicieron tragar con embudo y maniatándome las voluntades, puede creerme.

El viajero, se conoce que encubellat a modo, rompe a hablar en francés (lengua que ignora) y a dar vivas a la república (costumbre bárbara y reprobable). El viajero, a veces, enseña la oreja de los hábitos a contrapelo; en seguida se ve que anduvo en malas compañías, de niño.

—¡Repórtese, caballero, o doy parte a la autoridad! En este establecimiento está prohibido hablar de política.

—¿Y cantar?

—También.

—¿Y traer merienda de fuera?

—También.

—¡Pues anda, hijo! Y aquí, ¿cómo se divierte la gente?

Al viajero, paseando al aire de la Pobla, se le fueron los malignos vapores y le volvió, desconfiada y un tanto cautelosa, la sensatez. Si hay suerte, la noche, con su brisa aireadora de conciencias, suele ser eficaz filtro de jumeras y otros desmanes solitarios. Si no hay suerte, las cosas pasan al revés y arde Troya. Aquella noche, por fortuna, pintó la cara de la paz.

—¿Rompí algo?

—No; cállese.

El viajero, ya con la cabeza clara y en orden (en el relativo orden que Dios, en su infinita clemencia, le permite), quiso probar la artística gimnasia del foxtrot en el baile que habían armado las peliculeras y los veraneantes. Todo quedó en proyecto porque no lo dejaron ni entrar.

—¿Ni pagando?

—No; cállese.

—¡Caray, qué modales!

El viajero sintió una inmensa compasión hacia sí mismo; Boccaccio dijo que compadecer a los afligidos es ley de humanidad. El viajero, con el rabo entre piernas, se sentó en el suelo a mirarle las piernas a las damas (solteras, casadas o viudas, sin discriminación, que lo que se ve es de todos). ¡Qué piernas, finas en el tobillo, gorditas en la molla de la pantorrilla, adivinadas allá donde la vista, en su pequeñez, no alcanza!

El viajero, de tan feliz como se sintió —¡benditos sean los regalos que la naturaleza da de balde!—, se quedó dormido y con la mente poblada de huríes saltarinas, peliculeras y complacientes. Sobre el buen aire de la Pobla, clave de arco de los dos Pallars, voló un ángel cachondo y mercedario, pródigo en la lotería de sueños.

Cuando el viajero sintió frío, se levantó y se fue a dormir a la fonda. Tras el tabique se escuchaba el estruendoso y cadencioso roncar de una moza con las tetas calientes. ¡Qué felicidad, estar vivo y sentir el rompeolas de la vida de los demás!

EN EL CAMINO, DE SOL A SOL

No aún de noche pero sí temprano, el viajero con el frescor del día recién nacido sembrándole las sienes de esperanza, se mete, de sur a norte, por el camino que corre a la banda de estribor del Noguera Pallaresa, río que marcha de norte a sur y que, a las puertas aún de la Pobla, se encajona en el canal de Sosís. La borda de Ros, sombreada por un olmo aparatoso, secular y solemne, fue hace años parador de arrieros. A una legua cumplida, en el angosto desfiladero del Collegats, muere un Pallars para nacer el otro. Por el cauce del Flamisell, la linde queda en el congost d'Erinyà, no más pasado el barranco de Serradell. El viajero deja, a su espalda, el Pallars Jussà con sus viñas y sus olivares mediterráneos. Enfrente, espera al viajero el Pallars Sobirà, el Pirineo de los abetos y el tierno praderío, el pinar del monte, el robledal del valle, el nogueral de la húmeda y rumorosa umbría, y el viajero, como empujado por una rara querencia, camina alegre y ligerito y con el paso tímidamente juvenil. El Collegats es gollizo misterioso, profundo tajo por el que se vierten las aguas capaces de hender, al alimón con el tiempo, la misma costra del mundo. El Collegats, viniendo por donde se viene, empieza en la fuente de la Figuereta, en la que el viajero se lava la cara.

—¿Pica?

—¿Pica, el qué?

—La conciencia.

—No. ¿Por qué lo dice?

—Por nada, ¡como lo veía fregoteándose de esa manera!

Sobre el barranco de Sant Pere se pierden unas ruinas conventuales y, al otro lado, por el torrente de Llabró se pinta la pausada espiral del águila.

Collegats es palabra que no se sabe lo que quiere decir; coll, en catalán, significa varias cosas: cuello, gollete, brocal, colina, collado...; no es probable que el bautizador del Collegats pensase, al verlo, ni en ondulados cerros ni en suaves cañadas. Hay quienes dicen que el nombre le viene de coll de gat, cuello de gato; coll de gat, según el Diccionari català-valencià-balear, significa: clatell (pescuezo) que té la part superior massa grossa i carnosa. El viajero declara no tener ciencia bastante para opinar.

La garganta del Collegats, de puro estrecha, no aloja sino al camino y al río. Antes de abrirse la carretera, el paso quedaba a la mano contraria: por el sendero que todavía se ve, más alto y escarpado en la desnuda roca, zigzagueante como una serpentina. Los muleros de Sort anunciaban su paso a silbidos restalladores como trallazos, ya que dos recuas no cabían sobre la ruin vereda, no podían cruzarse. Hubo un tiempo —se le ocurre pensar al viajero— en que el Noguera Pallaresa se alimentó de mulas poéticamente despeñadas. El viajero, en recuerdo de las mulas muertas, como romeros, en el camino, besa una piedra del suelo y la deja caer sobre la corriente.

El barranco del Infierno es una grieta demoníaca, pavorosa y solemne, que parece puesta por los ingenieros de obras públicas, en el kilómetro 90, para representar al Wagner más aparatoso y sobrecogedor. A veces, la naturaleza se empecina en disfrazarse de impresionante y desmelenada naturaleza; lo malo es que no suele fingir su papel con naturalidad, sino con muy empalagoso artificio. El viajero, que es poco wagneriano y, en general, no muy amigo del cartón piedra ni de nada que, aun siendo cierto y verdadero, se le parezca, pasa de largo y como sin llamar la atención. Al viajero, la grandilocuencia le da reparo. Por el barranco del Infierno se vierte el arroyo Solduga, pedregoso y de no muchas carnes, que no viene del infierno, sino de los montes de Boumort.

El viajero, pegándose como una lombriz al hondo suelo de la cortadura, camina en sombra y sin demasiada probabilidad de que le dé el sol que queda allá, en lo alto, alumbrando los montes y templando el cielo abierto por donde vuela el pájaro de la saltarina e ingenua libertad. El viajero, que no es supersticioso pero tampoco descreído, pica el paso para pronto huir de los fantasmas del vientre de la tierra que, cuando escapan al aire, son los peores y los más pegajosos y dañinos.

El Collegats termina en La Argentería o muy poco después. La Argentería también es solemne, pero su solemnidad es más llevadera. La Argentería es el poético escurridero de las flacas aguas del arroyo de Usén —o del arroyo Buseu, ¡cualquiera sabe!— sobre el Collegats. La Argentería no es una cascada de cola de caballo —homogénea, delimitada y potente—, sino una mansa cortina de agua plateada, caprichosa y lánguida. Por el invierno, cuando se hiela, refulge al sol con brillos heridores; por el verano, cuando fluye llena de mansedumbre, centellea como un pez enorme y agonizante.

Pasada la Argentería, el valle se abre y se pinta de color de esmeralda, el río se remansa y baja la voz, y el sol —igual que un carnero loco— se revuelca sobre la húmeda yerba de los prados. A mano derecha y más allá del río negrea el bosque de Morreras, de abetos mansos y amables, que se pierde a lo lejos, por el monte arriba.

Las piedras románicas del monasterio de San Pedro de las Maleses, de la regla del Cister, rodaron por el suelo para no levantarse jamás.

Hace años, por estas trochas aún bullían los hostals de los arrieros, que la civilización arruinó: el hostal de Morreras y el del Comte, el de la Bona Mossa y el hostal Nou, el Hostalet y el de Golleri, el del Rei, el d'Aidí y el de la Fam. El

33

viajero hubiera preferido encontrárselos vivos aún y en pie, abigarrados y bullidores: con las cuadras repletas; los mozos durmiendo en el zaguán, y los amos, en la cocina y bien comidos, tirándoles viajes a las criadas y al porrón.

El viajero, tumbado a la orilla del río, sigue con la vista el vuelo del verderol brillante, de la abubilla de cresta descarada, de la oropéndola de color de oro. Es menos de la media mañana y el sol clemente no pica demasiado. Sobre las aguas canta la trucha, se mece el mimbre y tiembla la indecisa libélula veloz. Por el trigal corre la codorniz.

> Blat colrat!
> Qui vol guatlla,
> no vol blat*.

Subiendo la pina cuestecilla que lleva hasta los caseríos de Pujol y Coscastell, marcha un can medio pelado y cabezorro que no mira de frente; el viajero le silba y el animal, en vez de amansar el trote, le enseña los colmillos. A su lado va volando un cuervo de cenicienta color, un cuervo viejo y sin lustre; el viajero le tira una piedra y el pájaro, en vez de espantarse, lanza un graznido sarcástico y atemorizador. Lo más probable es que el can sea el demonio, y el cuervo un alma en pena, un alma muerta en pecado mortal: quizá la del conde que no cumplió su promesa y que quiso engañar a la Virgen María.

Por encima de las arruinadas piedras benedictinas de Santa María del Monestir todavía flota el amargo recuerdo del conde incumplidor, del conde que no supo honrar su palabra. Un conde de Pallars —nadie, por fortuna, recuerda si era Lupo, o Ramón, o Borrell— que andaba al puerco montés por estas fragas, tal pasión puso en la caza y tal frenesí, que se cayó, con caballo y ballesta, en las hondas aguas de la

---

* ¡Trigo dorado! Quien quiere codorniz, no quiere trigo.

laguna de Montcortés. Cuando se sintió ahogar, el conde pidió auxilio a gritos a Santa María del Monestir de Gerri, que lo sacó de apuros. El conde que, al verse en grave aprieto, ofreciera el oro y el moro a Santa María, olvidó su palabra tan pronto como se vio a salvo y, se conoce que tentado por el demonio (ya que si no, no se explica), rompió a gritar, blasfema y desafiadoramente:

—Aigua passada, Mare de Déu enganyada!

Entonces Santa María, para escarmentarlo en su ruindad, lo dejó ciego para siempre. Santa María, que es infinitamente misericordiosa con el desvalido, suele ser vengadora con el soberbio y cruel con el altanero; la gente se imagina a Luis Candelas cortado por el mismo patrón.

El viajero, cuando pierde de vista al can sarnoso y al cuervo piojento, enciende un pitillo y echa un par de buches de vino, para celebrarlo. Después se levanta, estira las piernas y sigue andando, como es su obligación.

Gerri es pueblo limpio y extraño, que cultiva la sal como otros crían la huerta. En Gerri hay una fuente de agua salada, de la que viven todos o casi todos, que se remansa en bancales abiertos, bien aireados y soleados; la sal se obtiene por evaporación, que es sistema folklórico e infalible, método que no tiene vuelta de hoja. Lo malo es si llueve.

Gerri también cría niños rubios, guapos y saludables, niños con pinta muy europea y civilizada; algunos son ya hasta pelirrojos, se conoce que maduraron demasiado de prisa en esto de la civilización.

La parroquia de San Félix, mártir, queda al otro lado del Noguera Pallaresa, a la sombra de la peña de Enseu y de la roca del Monasterio y mirándose en las aguas del río. En esta iglesia se canta una misa cuya música ardió en la revolución del 800; desde entonces se canta de memoria y, claro es, cada vez peor. En Gerri se reza a la Mare de Déu de l'Esplà, grande, y a la Mare de Déu de l'Esplà, chica, que no son madre e hija como piensan algunos partidarios; la ermita de la Virgen de Esplà no se levanta en el término municipal de Gerri, sino fuera de él.

La parroquia de San Félix es construcción parásita del abandonado monasterio, muro que vive y se nutre de los muertos y gloriosos restos de las piedras que fueron y ya no son. A su lado, por el manso trigal, canta el ave que vino huyendo de la otra orilla y su salado charco. Y a su sombra, por encima de las cruces de piedra del cementerio, salta el gorrión infatigable, jolgorioso y democrático.

El hostal de la Golondrina queda a mano derecha, según se viene. El viajero piensa que el hostal de la Golondrina tiene un nombre bonito pero falso, un nombre artificial de postguerra, un nombre embalsamado. Al hostal de la Golondrina, la gente le dice casa de la Dolores, ca la Duloras, que es manera de señalar más viva y auténtica. Duloras no es nombre catalán (que sería Dolors) ni castellano; tampoco es volapuk. Duloras es como lo dice la gente por esta latitud y a contrapelo de los puristas. Duloras es más bello que Dolors y menos dramático que Dolores; Duloras parece un nombre indio o persa, un nombre de princesa o de sacerdotisa: Duloras, la enigmática reina del Punjab...

En ca la Duloras el viajero escucha a un señor muy sabio y sosegado que diserta de historia y de poesía. El señor habla dulcemente y, mientras habla, sonríe con muy grata familiaridad. Sus opiniones son mesuradas y gentiles; su voz, sonora y melodiosa; su porte, circunspecto y señorial. Por los pueblos de Cataluña, a veces, se encuentran esos raros hidalgos de civil y ponderada conciencia, de empaque tolerante y culto, un poco frío. Probablemente, son los últimos griegos de Pericles.

El comedor de la fonda da al río, casi sobre el puente que cruzan los cazadores y las beatas. Por debajo del puente navega la deslizada tropilla de los patos.

—¿Qué quiere comer?

—Pato.

—¿Pato?

—Sí, joven: pato. Un pato, con sus patatitas, sus cebollitas, sus zanahorias, su perejilito, sus tomatitos en trozos, su apio, su tomillo..., usted ya me entiende.

El viajero, entre tanto deleite de la vista, del oído y de la imaginación de los futuros del gusto, llegó a sentirse punto menos que poderoso.

—¿Me trae unas olivitas, por favor, y un cuartillito de vino para ir abriendo boca?

Al viajero le alarma el empezar a hablar en diminutivos, pero en ciertos trances no puede evitarlo; la ilusión tiene su ritual, del que no vale querer huir. La criada de la fonda, que se llama María y tiene unos andares princípescos, sonríe para enderezar voluntades, encauzar caprichos y ordenar apetitos desordenados.

—Le voy a dar·pollastre, ya verá usted como le gusta, con sus cebollitas, su poquito de jamón, su laurel, su puré de tomate, su pizca de azúcar, sus patatas risolés, sus setas...

El viajero miró con una profunda simpatía para la joven y se olvidó del pato y su perejilito; los hombres, con harta frecuencia, son inconstantes en el deseo y débiles de voluntad.

Estaba el viajero regodeándose, honestamente, con la suculenta idea del pollastre, cuando en el comedor de la fonda irrumpió, barriendo sabidurías y gastronomías tan sólo con su presencia, un matrimonio formado por dos cretinos (macho y hembra) a juego, difíciles de mejorar. El viajero miró para el griego de Pericles, quien le recomendó calma con el gesto. Después, el viajero se asomó a la puerta de la cocina a suplicar diligencia en el servicio del prójimo.

—Un servidor no tiene prisa alguna, señora, si no es para deleitarse viendo cómo espabilan ustedes a esa pareja que vino a matar la paz...

Gerri es pueblo que baila la morisca, pantomima de la liberación de la reina cristiana presa del rey moro; es danza de ritual solemne y que ejecuta una sola pareja, al principio cogidos de la mano y después sueltos y girando la mujer en torno al hombre, como queriendo huir. Inicia la morisca el alcalde con la alcaldesa; sigue el párroco, con quien puede; continúan los solteros que corren con los gastos de la música, y terminan todos los que quieran y tengan valor para salir y pagar a peseta la morisca. Se baila el tercer día de la fiesta mayor, y quienes mejor lo pasan son los mirones, que apedrean a los bailarines con confites y peladillas y que disparan al aire sus escopetas, para hacerles perder el compás.

El viajero piensa en condes cristianos, reyes moros y otras suertes de duros soldados medievales, y sonríe al imaginarse lo poco que hubiera durado el pelma de la fonda, en otros tiempos. La verdad es que el que no se consuela es porque no quiere.

Pasó el tiempo y el viajero, con el pollastre a bordo y una paz infinita en el corazón (consecuencia, sin duda, de lo bien cubierto que llevaba el hígado), se dispone a hacer la digestión al raso y a la propicia sombra de cualquier árbol clemente.

Gerri de la Sal es pueblo de cinco caminos: dos a poniente —y a un lado y a otro del barranco del Conde—, y uno a cada uno de los tres puntos restantes.

Los dos senderos que miran a Compostela, allá a donde van las almas de los difuntos a pedir misericordia a Dios Nuestro Señor, llevan hasta la ribera del Flamisell, uno por Peramea, Bretúy y Montcortés, y el otro por Balartúy y Sellúy. Peramea fue corte de los condes de Pallars; en documentos del siglo X se le llama Petramedia, piedra del medio. Hoy no está en el medio de nada sino perdida a un lado del camino. Al viajero, estos pueblos que tocaron la gloria con la mano y la dejaron, casi poéticamente, escapar, le producen una nostalgia infinita e incluso su punto de ira y de congoja. En Peramea se encontraron dólmenes y otras antigüedades; a lo mejor, por aquí anduvieron los druidas. Por Montcortés cae la laguna adonde se fue de cabeza el conde perseguidor de jabalíes; según los entendidos, las sanguijuelas que se crían en las aguas de Montcortés son de muy fina calidad. Belastúy es caserío del término de Peramea; Bretúy y Sellúy son lugarejos del ayuntamiento de Montcortés.

El camino de levante no sigue el barranco de Enseu, aunque lo dibuje de lejos. El camino de levante dobla en Bahent —uno de los reductos cristianos durante la invasión agarena— y llega hasta Baro por Arcalís; la gente que no es de estos contornos suele decir —y aun escribir— Baró, en vez de Baro. Por estas trochas agrestes es difícil caminar, como no sea a pie y con paciencia.

Por el camino del norte sigue la carretera que el viajero trae desde la Pobla, ahora más abierta y ventilada, pero siempre con el río a la mano de lanza. Y por el camino adelante y como sin querer, el viajero, distraidillo con el silbar del mirlo en la sauceda, ni siente cómo el sol se escapa por encima de los cuchillos del barranco del Comte, ásperos y verdinegros como la piel del garduño. En donde estuvo el hostal brotó el caserío del Comte, que suele escribirse a la antigua: Compte.

La ermita de la Mare de Déu d'Arboló, que queda a la derecha y en alto, es una réplica, reducida a escala, del monasterio de Gerri. En esta ermita se guardan los Mártirssants, que son unas reliquias de los Santos Inocentes traídas de Tierra Santa; parece ser que dan muy buen resultado para combatir la sequía. El viajero, a juzgar por los restos aparecidos en todo el ámbito de la cristiandad, piensa que los Santos Inocentes debieron ser varios millones. En la ermita de Arboló se celebra una romería cada primer domingo de mayo, de consecuencias muy casamenteras y oportunas.

Baro es aldea minúscula, lugar que no llega a la centena de habitantes y que se presenta, sembrado al tresbolillo y ciscado —aquí dos casas, aquí tres— a lo largo de la carretera. Baro es lugar que pertenece al ayuntamiento de Estac, el pueblo que reza a Sant Romà. Antes se llamaba Casas de Baro y pertenecía al concejo de Arcalís, que desapareció también tragado por Estac; estos de Estac, a lo que se ve, son más bien imperialistas. En Baro se rinde culto a San Licerio, devoto varón del que el viajero no tiene demasiada noticia; por el país le dicen San Liceño, lo que sin duda alguna queda más íntimo y misterioso.

A Baro se entra por encima de un puentecico que medio ahogan las zarzas y los helechos. El viajero cruza el puente de Baro de la mano de las primeras sombras de la noche, mientras sobre el pretil de mansa piedra una pareja de novios se soba en muy honesto silencio.

En can Menal, la fonda, el viajero encuentra de ayunar y velar. Can Menal, sobre fonda, es estanco, lechería y central de teléfonos.

—¿Y podría echarme algo al estómago, aunque no fuera mucho, y dormir, siquiera un rato?

La fondista no pudo ocultar su extrañeza ante las pretensiones del viajero.

—¿Por qué no sigue hasta Sort?

—Pues ya ve usted, porque prefiero quedarme aquí: estoy algo cansado de caminar... ¿Tienen un plato y una cama?

La fondista miró al viajero recelosamente.

—Espere a que vuelva mi marido.

Al viajero, vuelto ya el marido de la fondista, le dan de cenar (sin gula) y de dormir (sin lujuria). El viajero, en el comedor de la fonda de Baro, sorbió aquella noche una de las peores aguachirles de las que se guarda memoria histórica. La desmoralizadora escena fue presidida por un retrato de Cervantes, más bien bizco, obra de la señora maestra.

EL XOLÍS Y LA ESQUERRANA

Guiado por el lucero del alba y el familiar y misericordioso rumor del Noguera Pallaresa, el viajero, antes de amanecer, se hace al camino en compañía de la negra sombra del monte y de su soledad. Hace fresco y el airecillo de la mañana, con sus lametones de cachorro, va borrando de la atribulada cabeza del viajero el ruin recuerdo del caldibache ruin. ¡Bendito sea Dios, que permite al viajero olvidar la mierda en sopa que, con grave riesgo de su salud, cenó en una noche aciaga! Amén.

A la derecha y colgadas de una loma, tres o cuatro luces señalan la vida de un pueblo: Malmercat. En el castillo de Malmercat duermen la mula soñadora y la agorera lechuza, el grajo huraño y el amoroso y vicioso ciempiés, el sapo ecuánime, la lagartija sin principios, la peluda avispa silvestre.

Poco más adelante y a la otra mano aparecen, a punto de rayar el día, las casas de Ribera de Montardit o Montardit de Baix —que en tiempos se llamó Mesón de Montardit—, con su prado de color de esmeralda envuelto, poéticamente, por la niebla. En la montaña se pintan, aún grises y dormidos, los caseríos de Montardit y de Llarvent; el viajero piensa que es hermoso que un pueblo se llame Monte Valiente, y el de al lado, Hogar del Viento... Los hombres del Monte Valiente, cantando canciones, llenaron de viento y de ilusión el pecho de las mujeres del Hogar del Viento, que tenían la cabellera larga y sedosa como la mies... Por las cortadas de Enviny, también encaramado en la peña, silba el pastor.

El arroyo Cantó cae al Noguera Pallaresa por la orilla izquierda, o séase a la derecha del rumbo que se camina; el río se cruza por el puente del hostal Nou. Frente a la masía de Sa Verneda sube el camino de cabras que lleva a Malmercat. Verneda quiere decir, en castellano, aliseda; el aliso es un árbol tímido y montaraz, que gusta del frío y la lluvïa y los paisajes solitarios. Algunos catalanes, en vez de verneda, escriben berneda y aun barneda; la construcción no es deformante, sino, simplemente, dialectal.

El viajero da de lado al camino real y sube, poco a poco, las cuestas que trepan hasta Malmercat y, aún más allá, por can Portalet, hasta Tornafort, donde el mundo se abre como en abanico. Desde Tornafort se alcanza a ver un dilatado horizonte: los pueblos de Vilamur, Soriguera y Les Llagunes, mismo a la mano; el recoleto valle del Cantó, pintado de dos docenas de verdes diferentes, y el río Noguera Pallaresa, que baja discurriendo curvas armoniosas y contenidamente solemnes. En uno de estos regates del río se levanta Sort, la capital del Pallars Sobirà. Vilamur es la cabeza del país al que todavía dicen el Vizcondado; en Vilamur aún se ven los restos del castillo de los vizcondes, que se vino abajo cuando las cosas empezaron a rodar mal dadas y la historia rompió a escribirse a trancas y barrancas. Por todos estos montes se cría bien el jabalí, bestia que gusta de suceder al hombre en sus ruinas y sus abdicaciones.

Lo más meritorio de Tornafort —además del paisaje— es el xolís del señor Gasset, el amo de can Gasset, cazador de jabalíes y también de liebres. Can Gasset no es, propiamente, una fonda; Tornafort no tiene talla de fonda ni cuerpo para chaleco. Can Gasset, aunque no es fonda, sirve de tal cuando se tercia la ocasión, y cumple su cometido mejor que la mayoría de las fondas. El xolís es una longaniza que corta en forma de guitarra, y su espíritu, vamos, lo que lleva dentro, es carne de cerdo de segunda (cabeza, cuello y costillas, sobre todo), picada y sazonada con sal y pimentón; algunos virtuosos le añaden ajo y orégano, según los gustos. El viajero declara solemnemente lo que entiende como dogma del noble y vetusto arte del embuchado: el chorizo y la longaniza son una y la misma substancia vestida con ropajes diferentes; lo que cambia —y no del uno a la otra, sino ya entre los unos y las otras— es la máscara de tripa en la que se esconden. El xolís pallarés —que algunos dicen xulís, y los finos, xorís— se entripa en largo y elegante y, por fuera, tiene la color y la noble dureza de la mojama. El xolís del vistaire, o del candidato a la blanca mano de la moza en estado de merecer, se embute en la tripa del culo, que siempre es más solemne y reverenciable, y, salvo en las corpulencias, en nada más se distingue del xolís de a diario. El xolís del vistaire, en las familias ricas, es sobrecogedor y robusto cual el glorioso cipote de los garañones del Viejo Testamento.

El viajero, en can Gasset, baja el xolís con pan y con ensalada, lo empuja con queso de oveja y lo remoja, como es de ley, con vino. El viajero, en can Gasset, hace acopio de paciencias y energías y se engulle, sosegado pero también digno, cinco canas de Lérida de xolís en cinco cuartos de hora; la cana de Lérida tiene algo menos de dos varas de Burgos, casi tanto como una toesa. El señor Gasset elogió muy cumplidamente el saque del viajero.

—En el servicio conocí a un cabo, que también era gallego, que un día se comió el correaje y las cartucheras, por una apuesta. En Galicia se conoce que todavía quedan hombres como los de antes.

Al alcalde pedáneo de Tornafort le dicen l'Estornell, el estornino. El alcalde pedáneo de Tornafort es un alcalde pedáneo que vigila muy cuidadosamente las entrañas y salidas del personal en el pueblo: quiénes son, de dónde vienen y a dónde van, qué quieren, cómo gastan la traza y el pelaje, si tienen barba o no, etcétera.

—Me dijeron que había entrado un hombre con barba y quería verlo.

L'Estornell es un chisgarabús curiosito, que tampoco tiene peor intención de la necesaria.

—¿Quiere usted echarse un trago del porrón?

—Gracias.

El viajero, con la sonrisa de la hartura pintándosele en la cara, saludó.

—Pues aquí me tiene usted a su mejor mandar, señor alcalde, para servirle gustosa y respetuosamente. Soy hombre de paz: criatura que no tiene aprensión a autoridades, guardias, sacerdotes, recaudadores de contribuciones u otras especies similares. Si espera a que me salga el flato que ya me ronda, hasta soy capaz de enseñarle el documento. El señor arzobispo de Compostela, ¿sabe usted?, me extendió un documento autorizándome a gastar barba de por vida. Fue una promesa, señor alcalde, que hice en un momento de apuro, usted ya me entiende...

L'Estornell dio un tiento al porrón de vino y ladeó la cabeza.

—Cony, quin foraster més enraonador. Sembla un diputat!*

El señor Gasset, con la sabiduría de los anfitriones antiguos, recebó el porrón y puso tal orden y buen concierto en las dialécticas, que l'Estornell y el viajero, guiados por su buen pulso, llegaron a hacerse amigos.

—Bueno, ya sabe dónde me deja, considéreme amigo, etc.

—Lo mismo debo decirle a usted, mándeme siempre, etc.

La ejemplar escena fue presidida por un calendario que representaba una señorita muy aparente y más bien tetona, encima de una leyenda que decía: Viuda e hijo de Amadeo Pascual. Comestibles finos. Pobla de Segur.

La bajada hasta Sort —caminando entre peñas altivas, conejos saltarines y el airecillo tenue y aromático que se es-

_____

* —Coño, qué forastero más hablador. ¡Parece un diputado!

44

curría del monte— sirve al viajero para ir estibando el xolís por los mil entresijos del mondongo, maniobra difícil cuando ya se ha perdido la línea de flotación. Es menos de la media tarde y aún el sol, presuntuoso como un gallito inglés, fisgaba, con muy medida impertinencia, la piel del mundo. El hombre, cuando la gana de cagar aprieta, suele volverse descarado y violento, antojadizo e incivil. A la sombra de un arbusto inocente, el viajero, con el cinto al cuello (y no para ahorcarse) y el calzón en la mano, descabalgó el xolís sobre el paisaje en un lustroso zurullo en forma de trenza, que daba gozo verlo. En fin, ¡flaca es la carne y renunciadora!

El Noguera Pallaresa en llegando a Sort puede cruzarse por encima de dos puentecillos de olorosas tablas sangrantes, poéticas, animales: uno, más tímido y ruin, antes de llegar al pueblo, y el otro, aguas arriba y de mejor fábrica, mismo frente a las casas; a éste le dicen de Santa Ana. El viajero, por ver de remojarse un poco los agrios recovecos del organismo, se acerca por la primer puente que se dice; más a ras de las aguas y de la verde yerba de la orilla.

—Aquí está prohibido bañarse.

—Disculpe usted, señor guardia, que estoy comido de la fiebre y lo único que me devuelve la salud es el chapuzarme un poco.

—Bueno, pero póngase los calzoncillos al menos; de barba y en porreta, llama usted demasiado la atención.

—Será servido, señor guardia.

Sort es un viejo pueblo remozado, una histórica villa que no se durmió en los laureles. El partido judicial de Sort comprende, amén de la capital, treintaiún pueblos; el Pallars Sobirà no encierra más de treinta y dos pueblos. En el siglo XIX, la nómina de ayuntamientos del partido judicial de Sort llegaba a la cifra de ciento veinte; su jurisdicción no fue reducida, lo que sucede es que entonces tenían ayuntamiento propio múltiples minúsculas entidades de población que después lo perdieron. Los límites del partido judicial de Sort coinciden, más o menos, con los del Pallars Sobirà; no es ésta una de las más artificiales divisiones que tiene España, sino al revés: una de las más naturales y lógicas. La del partido judicial de Viella ajustándose al valle de Arán, también lo es.

Sort, aunque lo parezca, no significa suerte; su nombre es más antiguo que la lengua catalana, probablemente pre-rromano. En la Edad Media se llamó Saorte, Saort, Sabort, Sabrot y Suort, según los gustos de los señores o los descuidos de los amanuenses. Sort se alza sobre una costanilla suave, apoyado en el monte que dicen la Mata Negra y que más bien es de color violeta o rojo, según la luz. A oriente de la Mata Negra, por debajo de la roca del Pitillo y a dos horas de andar, se ven ruinas de Vilamflor, el misterioso pueblo que borró la inclemente esponja de la historia. Hay autores que piensan que Vilamflor no es sino el antiguo emplazamiento de Sort; el supuesto no es demasiado lógico, ya que ambos topónimos coincidieron, históricamente, durante varios siglos. Lo más probable es que Vilamflor durase hasta el siglo XVII; se tiene noticia de que en el XVIII estaba ya en el suelo, desha-bitado y desbaratado.

En Sort hay registro de la propiedad y peluquería de se-ñoras, banco y caja de ahorros, juez y médico forense, notaría, tintorería, hotel, café, farmacia, diez o doce taxis y un comercio variado, moderno y bien surtido. Al viajero, paseando por Sort, le asalta el pensamiento de que la historia, con sus des-manes y sus achuchones, sus cabezonerías y sus improperios, no puede con la vida del hombre; si el hombre no fuera tan resistente a las zurras históricas, la humanidad ya hubiera desaparecido hace tiempo y de ella no quedaría ni rastro.

—¿Y usted no cree que esto podrá pasar cualquier día?

—Pues, hombre, no; yo creo que no. Cada dos o tres ge-neraciones parece que la humanidad va a reventar, pero después se calman los ánimos y no pasa nada. El hombre es una bestia muy histérica, lo que necesita es comer más y tomar el aire.

El castillo de Sort es un muerto habitado por la muerte. El castillo de Sort es un viejo soldado que, por la cuesta abajo del tiempo, paró en enterrador. Un duque de Medinaceli, en el siglo XIX, lo regaló para cementerio, y un alcalde que se llamó el señor Sambola, en el siglo XX, quiso adoquinar las calles del pueblo con las piedras de sus muros y sus torreones; no pudo llevar a buen fin su municipal propósito porque la gente protestó de la dinamita. El hijo del señor Sambola, que también se llama el señor Sambola y es abogado, historiador y arqueólogo, piensa que el castillo de los condes de Pallars en Sort es muy duro y resistente. El señor Sambola jr. tiene los ojillos de ratón y la figura larga y desgarbada. El señor Sambola jr. es muy culto en batallas y genealogías.

—Esa Montserrat Pirretas que usted dice es hija del señor Pau Pirretas, maestro nacional que fue de Solsona, grupo escolar General Moscardó, y de su legítima esposa la señora Montserrat Turull, comadrona. Esa Montserrat Pirretas que usted dice se escapó con un seminarista de la Seo de Urgel al que llaman Sebastià Canut, alias Xerobí, que hoy es pintor abstracto en Saillagouse, cerca de la frontera.

El castillo de Sort está en la parte alta del pueblo, con las troneras tupidas por la yerba, las torres desmoronadas y la carne herida y triste y sin lustre. El alcalde señor Sambola quiso probar con el castillo una extraña suerte de eutanasia a base de barrenos; si le salió mal, la culpa no fue suya, sino del vecindario.

El viajero, en la posada, se descuelga el morral y se bebe un par de vasitos de vino.

—¿Podré dormir?

—¡Si tiene sueño!

Al viajero, el ingenio de los fondistas es algo que siempre le llamó mucho la atención.

—Déme otro vaso de vino.

Los de Sort acuñaron moneda en el siglo XVII, cuando la guerra de los Segadors, y quizás antes; hay pueblos con tendencias bancarias y otros, en cambio, que viven de espaldas al tejemaneje del crédito y del comercio. La gran riqueza de Sort es la mula, el producto con el que levantó su economía en la postguerra, en todas las postguerras. Las mulas de Sort tienen mucho renombre en todo el país; las mulas de Sort son el resultado del cruce de los garañones de Vic con las yeguas indígenas, de poderosa presencia y de estampa muy parecida a la de las yeguas percheronas. Un buen garañón de Vic puede valer quince o veinte mil duros, más que un Seat de segunda mano.

—Déme un par de peces en escabeche, por favor; un día es un día.

El amo de la posada se llama Martín Cases y gasta bigotito recortado en forma y el pelo ondulado, con la patilla algo larga. Martín Cases es elegantemente cursi, como los peluqueros y los tenores, y habla muy quedo y suave, igual que un joven funcionario o un joven director espiritual. A Martín Cases le dicen Martinet y también (con mayor frecuencia) Feliçó; Feliçó es el diminutivo de Félix.

—¿Y usted es amigo del doctor Pla?

—Eso es; a veces, cuando nos encontramos, hablamos de nuestras cosas y nos comemos una docenita de truchas juntos.

—Claro...

Feliçó seca los vasos con parsimonia, como temeroso de que le fuesen a salir huyendo.

—Su padre vive aquí en Sort... Es ya muy viejo...

La fonda de Feliçó está en la calle Mayor, cerca de la plaza Mayor, en el centro de una de las dos vidas de Sort. Los pueblos grandecitos que están sobre una carretera de cierta importancia suelen tener dos vidas: la interna, que es la eterna vida del pueblo, la de sus artesanías y agriculturas, y la externa, que es la vida transeúnte, la que pende del hilo de los transportes y los comercios al paso. En Sort, la vida externa no pasa por la calle Mayor, sino, como es de sentido común, por la carretera. Feliçó no es hombre que hubiera podido vivir en la carretera, con su polvo, su ruido y sus sobresaltos. La calle Mayor parece una calle mora, incluso en su algarabía. La fonda de Feliçó da también a la calle del Medio, a la que se sube por la calle de Arriba, que es un pasadizo en cuesta, con escaleras, al que las casas cierran sin dejar ver el cielo. La calle del Medio y la calle de Arriba parecen dos calles moras en su misteriosa quietud.

—¡Vaya con el doctor Pla!

La señora de Feliçó, la Nieves, sirve para hacer la comida. La hija de Feliçó, la Montse, sirve para enseñar a los huéspedes el camino de las habitaciones. El marido de la Nieves y padre de la Montse, vamos, el Feliçó, sirve para las funciones nobles: hablar de los amigos, secar los vasos, piropear la miel.

—Esta miel es muy buena, es miel pura de abejas. El doctor Pla, cuando viene por aquí, siempre la pide.

El viajero, antes de cenar, se da una vueltecita por el pueblo. En el café se encuentra al gilipollas que se tropezara en Gerri, opinando de todo lo que ignoraba. El viajero, al saberse lejos del griego de Pericles y su ponderado gesto incitador de paciencias, hizo como que no lo veía y salió a la calle.

—¿Buscaba usted a alguien?

—No, muchas gracias; al revés.

A los de Sort les dicen neros, de apodo; Nerisa o Nerissa, según la tradición, fue un pueblo que hubo al otro lado del río y que, como Vilamflor, murió de cansancio. A los de Altrón les llaman canallots, tontos; a los de Rialp, boters, boteros; a los de Enviny, lladres, ladrones; a los de Olp, que es un caserío de Enviny, xiulets, silbadores; a los de Llavorsí, matarrucs, mataburros, y así sucesivamente. Miquel Peremarch, alguacil del juzgado y hombre de muy veladas y recónditas artes y sabidurías, hablaba empujado por el anís.

—Es el mejor. La ciencia lo dijo y yo no miento.

A Miquel Peremarch tampoco le había resultado simpático el medio franchute del café.

—Lo mejor es dejarlo que se aburra solo, ya se hartará. Feliçó tiene un primo chileno que anda muy preocupado con eso de la peste de los conejos. ¡Yo no sé cómo es la gente! ¡Para mí que el mundo está lleno de vagos y maleantes!

Miquel Peremarch, de joven, fue campeón de billar al cuadro; logró también muy justo renombre como bailarín de la esquerrana y de la caringosa. La esquerrana, que dicho en castellano sería la zurda, es danza de parejas muy semejante al ball pla. La esquerrana se baila enlazando a la pareja con el brazo izquierdo, y fue inventada por un juglar misericordioso para que un conde triste y manco del brazo derecho no se sintiera irremisiblemente desgraciado; se baila cambiando constantemente de pareja, y no termina hasta que todos han bailado con todas.

Mientras el viajero procuraba aplicarse a la noble teoría de la esquerrana, sobre el pueblo de Sort descarga el iracundo cielo la ira estruendosa de su tormenta. Desde la fonda de Feliçó el espectáculo es insólito e inevitable. Del balcón de hierro de la fonda de Feliçó saltan las chispas una detrás de otra, como en los espectáculos de Rambal.

—No hay que apurarse: eso es mismo de que tiene una conexión eléctrica.

—Claro.

EMPIEZA EL PIRINEO

Se duerme bien, después de no quedarse pegado por la chispa al balcón de hierro de la fonda. A las cuatro y media o cinco de la mañana todavía las golondrinas duermen, en la calle Mayor de Sort, sobre los hilos de la luz. El día amanece acicalado y terso después de la tormenta, y Feliçó, fondista gentil, acompaña a su huésped hasta la linde misma del pueblo, allá donde la carretera vuelve a empezar.

De Sort a Rialp, sin apretar el paso, hay menos de una hora de camino y el viajero, que no lleva prisa, se sienta en el mojón del kilómetro 111 a fumar un pitillo y a esperar a que el día despunte, como un choto, por encima de los montes en sombra.

En las praderas de la Bastida aún duerme, misterioso y casi vegetal, el ganado vacuno, y por el caminillo de Olp —y vestido de gato montés en traje de fiesta— sube al fantasma que escapa de la luz del día. El agua suena en alguna fuente que ni se ve y el pájaro de la mañana, lento y alegre, comienza a desperezarse sobre el paisaje solitario. El valle, en el pla de l'Emmetzinat, o del Envenenado, se ensancha con mansedumbre.

Rialp, a las seis del día, recibe al viajero con campanas. Rialp, con sus tejados pinos y sus soportales de rústicas columnas de pizarra, es el primer pueblo pirenaico que el viajero encuentra. Un hombre, cuando se echa al camino, se hace una idea del mundo que ha de recorrer: esto es así, esto es asá,

51

esto es de la otra manera. A veces, lo imaginado concuerda con la realidad, y a veces, en cambio, no. Rialp es un pueblo pirenaico tal y como pueda figurárselo un hombre que no haya estado jamás en el Pirineo. Rialp, en este sentido, no sólo no defrauda, sino que ni sorprende siquiera.

Es la Virgen de agosto y los hombres y las mujeres de Rialp, en la mañana húmeda y fresquita, marchan, sobre los guijos de la calle de la Vall y el casi veloz arroyo de la calle del Medio, camino de la plaza y sus claras y volteadoras campanas. El pueblo parece como haberse despertado y lavado y peinado de golpe, y el viajero, un poco atónito ante la apresurada y devota diligencia del prójimo, busca un rincón donde desayunar.

Marcelina, la de can Jantet, asa las chuletas con mucho aseo y eficiencia, con tanta higiene como miramiento. Asar chuletas es fácil, lo que pasa es que casi nadie quiere asar chuletas con amor y buena voluntad de que salgan bien: doraditas por fuera, sangrantes en el corazón de la molla. Marcelina, la de can Jantet, asa las chuletas con amor y deseando acertar.

—¿Quiere vino?

—Sí, joven, y más chuletas, y pan para acompañarlas.

Jantet es el diminutivo catalán de Jean, nombre que no es catalán: que sería Joan. El amo Jantet, ya muerto, era francés. A can Jantet también le llaman can Janó. Juanito, en catalán, se dice a veces Joanet, y otras Joanot.

Rialp es pueblo que todavía guarda las tradiciones. El viajero sabe de sobra que con las tradiciones no se come (aunque esta regla tenga también su excepción). Las tradiciones pueden caminar por dos cauces y en dos sentidos: el uno las convierte en folklore; el otro, en instituciones.

—La cambra ya no es lo que fue; se conoce que la guerra la mató, como a tantas cosas. ¿Se va usted a quedar a la cambra? Aquí en Rialp queremos bien a los forasteros; en otros lados, en cambio, les tiran piedras, ¿verdad que en otros lados les tiran piedras?

—¡Huy, ya lo creo! ¡Y hasta los meten en el horno del pan, para que se cuezan bien cocidos!

Marcelina, la de can Jantet, puso el gesto más resignado que espantado.

—¡Qué horror, cómo es la gente!

La cambra la gobiernan los fadríns maiors, o mozos mayores, y la pagan todos los mozos del pueblo; aquellos que entran por vez primera en la cuadrilla no pagan más que la mitad; en el valle del Flamisell les llaman potros. En la cambra se reparte de comer y de beber: tortas de aceite, frutas secas, pan de trigo, vino, aguardiente... En Rialp hay otro almuerzo colectivo, otro banquete en común: el del martes de antruejo, que se celebra en medio de la plaza. El carnaval está herido de muerte; los curas lo persiguieron con saña y con ferocidad y lograron que la alegría de las gentes honestas se trocara en tristeza oficial, en hastío administrativo y reglamentado. ¡Allá cada cual con su sistema de vivir y de dejar vivir al prójimo! El viajero tiene un amigo, medio teólogo, que piensa que, muerto el carnaval, sobra el miércoles de ceniza. El viajero ni entra siquiera en tan sutiles distingos, entre otras cosas porque cree que, en este mundo, jamás sobra nada y todo aprovecha. En Rialp, los mozos fabrican un espantajo, el Carnistoltes, que preside la fiesta como un rey; sólo se distingue en que gasta sartén en lugar de cetro. El Carnistoltes tiene los días contados: del domingo de carnaval al miércoles de ceniza, en que lo matan de dos tiros y lo queman en medio de la plaza. En Rialp, las mujeres no se ponen careta porque piensan que la máscara, sea la que fuere, es la cara del diablo. En Rialp se elige cada año al alcalde de Carnistoltes, que se encarga de velar por el buen orden de la fiesta. El alcalde de Carnistoltes se disfraza de vieja y, de casa en casa, empieza la colecta o plegue de patatas, judías, tocino, longaniza, morcilla, huevos y lo que caiga. Le suele ayudar algún que otro mozo y en las casas donde no les dan, escuchan coplas poco caritativas y más bien duras y maldecidoras. Por ejemplo:

A la gent d'aquesta casa
no els hi desitgem cap mal.
Déu els dó pigota i ronya,
corrença i mal de queixal.

Pigota es viruela; ronya, tiña; correnç, cagalera, y mal de queixal, dolor de muelas. El viajero recuerda que, en castellano y en trance análogo, se canta:

A las dueñas de esta casa,
Dios les dé salud y pesetas.
Y a las vecinas de enfrente,
sabañones en las tetas.

Las vecinas de enfrente se hubieran ahorrado los sabañones en las tetas, que deben ser molestísimos, de no haberse querido ahorrar el aguinaldo; lo que no se puede es repicar y andar en la procesión.

El martes por la mañana se preparan cinco o seis grandes calderos de cobre y en ellos se guisa la comilona que dicen calderada, de la que come todo el pueblo. A las doce, el cura bendice la comida y el alguacil anuncia el comienzo de la fiesta, que presiden el alcalde de Carnistoltes, el alcalde del pueblo y el comandante del puesto de la guardia civil; el cura va a tomar café. Después los mozos y mozas, disfrazados, bailan la passa por las calles. Antes de la comida, se conoce que para abrir boca, los dos hombres más principales del pueblo, uncidos como bueyes, aran la tierra. La gitañada es una comparsa de mozos y mozas que recorren, en burro y disfrazados de zarrapastrosas destrozonas, el pueblo entero.

—Ahora ya no es como antes; el carnaval lo mataron entre todos...

—Claro; la gente, si no mata no se divierte... Y a los que se divierten sin matar a nadie, acaban matándolos a palos y a disgustos.

—¡Todo pudiera ser!

A Rialp también le llaman Rialb y Riaup. Rialp es palabra que viene, para algunos, del latín rivu albu, río blanco; otros dicen que procede del euskera arri-albo, cuesta de piedras. El viajero piensa que por estas trochas de grises y verdinegros horizontes, hay más cuestas y piedras que blancura.

De otra parte, los topónimos de origen vasco o aparentemente vasco (o prerrománico o aparentemente prerrománico) son frecuentes por esta linde catalana; Rialp no es el único, ciertamente. El viajero, sin ánimo de agotar el tema, prepara una nominilla de los que se le van ocurriendo, con el mapa delante y las espitas de la memoria abiertas; después, por entretenerse, los ordena según el abecé. Los nombres que el viajero llega a reunir son los siguientes: Arán, Arreu, Arrós, Artiés, Aurati, Biciberri, Bonestarre, Dorbe, Escalarre, Esterri, Gerri (en Navarra hay un valle de Yerri, que suena casi igual), Ginestarre, Isabarre, Llaborre, Lladorre, Llorri, Montgarri, Noarre, Sorpé, Surri, Unarre, etc. El adjetivo barri o berri es voz vasca que quiere decir nuevo; los substantivos arri y erre o erri —que la e y la i se confunden en la pronunciación— significan, al respective, piedra y pueblo, etc. Menéndez Pidal incluye al Pallars Sobirà entre los territorios de romanización tardía (hacia los siglos VI-VII); en su libro Toponimia prerrománica hispana, don Ramón reúne algunos estudios sobre este tema.

—¿Se va?

—Sí; a mí nadie me dio vela en este entierro... No me gusta abusar.

De Rialp sale un sendero más o menos hacia el noroeste, que lleva a Surp y a Altron, en el recoleto vallecico de Assua, por el que canta, melodiosamente, el ruiseñor. El viajero, en el oriente de Llavorsí, sale de Rialp por la carretera de Francia, siempre con el río a la derecha. El hondón por el que marcha el viajero se hace aún más hondo de lo que era y su andar, encajonado entre peñas de color pizarra, se vuelve lento, aburrido y monótono. Frente al campanario de Rodés, en su escarpadura agreste y casi recortada a pico, el río y la carretera cambian de mano y, por vez primera desde la Pobla, van por su mano. En un recodo del camino que sube hasta Berani, que es tierra de jabalíes, cuatro mujeres charlan, sentadas en el suelo, mientras las mulas beben el agua de la clara fuente. Las cuatro damas son jóvenes aún y bien parecidas; tres de ellas hacen calceta y la cuarta, con el mirar soñadoramente perdido, se entretiene cortando flores, como una infanta ociosa. Las mujeres preñadas no pueden hilar, ni calcetar; tampoco deben cerner el grano ni preparar el alioli. Con las mujeres preñadas son pocos todos los mimos y precauciones.

Las ruinas del hostal de Golleri quedan, poco más adelante, a la otra ribera y en el camino de Sant Romà de Tavèrnoles; sobre las aguas salta un puente colgante de madera, pequeñito pero muy moderno, con los pilares de hormigón y los tirantes metálicos y tan bien tensados que parece, lo menos, un puente del Canadá.

A orillas del río de Romadríu, que llega al Noguera Pallaresa por su banda de babor, sale un camino de herradura que sube a Roni y a Montenastró y aun más allá: a la Vall Ferrera y a los montes que tapan el Segre.

Poco antes de Llavorsí, el valle, tras una revuelta del río, vuelve a abrirse y a airearse, y la carretera, colándose por un túnel abierto en la roca viva (un túnel como de unos cien pasos, tampoco más) y saltando por encima de un puente nuevecito, cae mismo sobre las agolpadas casas. Llavorsí —cerrado otra vez el paisaje— es un pueblo negro y con cara de pocos amigos, un pueblo de aire fosco y centinela, agazapado, flexible y militar. Llavorsí parece un viejo lobo receloso que hubiera bajado a despiojarse al río (o a lavarse, en las aguas del río, la mordedura del cepo de hierro).

—¿Es usted pescador?

—No.

—¿Y pastor?

—Tampoco.

—¿Y alimañero?

—Sí, ¿qué pasa?

Por Llavorsí pululan los pescadores veraneantes, los señoritos de la ciudad que se miran en el espejo antes de salir, a ver qué tal hacen con su deportivo atuendo, muy ad hoc. Viajan en moto con sidecar o en 4-4, se tocan de gorra de visera y les acompañan unas inverosímiles mujeres, morcillonas, aparatosas y gritadoras, que sacuden estopa a unos niños delgaditos y resignados, infinitamente aburridos. De abril a julio se pesca con lombriz; de agosto a octubre se pesca mejor con mosca, el caso es que los peces —que son muy recelosos y desconfiados— piquen. Las damas, en pasando de las seis u ocho arrobas, no deben ponerse pantalones; el rulé de la catalana cuarentona no suele ser pantalonable, lo malo es cuando las interesadas no se dan cuenta. Para pescar anguilas con botiró hay que ser muy mañoso. Para pinchar truchas con furquilla hay que tener buen ojo y mucho pulso. Para envenenar las aguas con croca y nueces hay que esperar a que se vaya la guardia civil. Esto de la pesca no es tan fácil como parece a primera vista.

Llavorsí es nudo de aguas y de caminos, siempre hermanados; la verdad es que tampoco tienen sitio para separarse y tirar cada cual por su lado; a algunos matrimonios también les pasa.

En Llavorsí entró el viajero con mal pie; esto no suele ser culpa de las personas ni de los pueblos, sino de los espíritus y los astros, que son caprichosos y poco responsables de por sí mismos. Si un hombre se olvida de echar un migajón de pan en la fuente antes de beber agua ·puede ser que se envenene o, al menos, que le dé una correntía de pronóstico; lo que ya no es frecuente es que —ni envenenado ni suelto— pierda sesenta duros al juego·de los bolos, que por el país llaman bitlles, y se quede a la luna de Valencia.

En un bar que queda a espaldas del hotel Lamoga, que está a la entrada del pueblo y mismo sobre el río, el viajero se vio y se deseó para sacarles los cuartos tirando al naipe a unos puntos amarrones, que jugaban calentando las cartas con la mano y acariciando las pesetas y hasta las monedas de a real como si fueran peluconas de oro. A fuerza de paciencia, sin embargo, y de no asomar el pescuezo fuera de la garita más que sobre seguro, el viajero consiguió desplumar a sus benefactores y recebar su bolsa (que pasó por momentos en que llegó a enseñarse más flaca que bandujo de cómico en cuaresma). ¡Dios, y qué apuros hubo de sudar el viajero hasta que sus económicos y recelosos cofrades de timba le aflojaron la mosca!

—¿Y recobró los sesenta duros?

—Sí, señor, y aun otros sesenta más que guardó para imprevistos y vicios.

—Vaya, ¡menos da una piedra!

—Sí, señor, eso es lo que decía Sagasta.

—¿Sagasta?

—Bueno, o quien fuera, ¿qué más da?

En el hotel Lamoga no se come ni bien ni mal, se come de hotel. En el hotel Lamoga lo más meritorio que el viajero encontró fue una criada poderosa, garrida y pirenaica, que resultó ser de Torredonjimeno, provincia de Jaén.

—¿Y cómo llegó hasta aquí?

—Pues ya usted lo ve, rodando. Y espere que, a lo mejor, no he parado todavía de rodar.

En el hotel Lamoga, el viajero se tomó una cerveza fresquita y una lata de berberechos; a veces, al viajero le gusta sentirse prócer y decir, con el gesto evadido:

—Tráigame una cerveza fresquita, por favor. Y una lata de almejas...; no, mejor de berberechos, si tienen...

Al hotel Lamoga antes le llamaban fonda del Chato; la civilización parece que va moderando el lenguaje, poco a poco. Detrás de la fonda del Chato vive mestre Pere Lambí, el compañero de mestre Joan Cervós en las artes piadosas de sanar niños quebrados pasándolos nueve veces por la grieta de un roble en la madrugada de San Juan, antes de que el sol se muestre sobre el horizonte.

—Teníu, Pere, aquí us dono una criatura trencada.

—Teníu, Joan, aquí us la torno curada.*

Mestre Pere Lambí y mestre Joan Cervós, hasta que ya no pudieron con el pellejo ni con el alma, fueron leñadores; picadors les llaman a los del oficio. Mestre Pere Lambí y mestre Joan Cervós deben andar ya casi por los cien años. Los picadors de Llavorsí tienen fama de hábiles y forzudos por todo el Pallars, tierra en la que el hacha es la flor de las herramientas.

Al viajero, callejeando por Llavorsí, le salta en la memoria el recuerdo de La Alberca, en el campo de Salamanca. La verdad es que, bien mirado, Llavorsí y La Alberca no tienen nada que ver el uno con el otro, pero al viajero se le juntan en la cabeza y, tal cual le sucede, así lo dice.

Llavorsí se estrangula en un cerrado y rápido meandro del río, y las aguas casi llegan a rodearlo como a una isla. Por la carretera pasa un autobús de excursionistas; seguramente van a pescar a Esterri o a La Guingueta, donde las truchas saben latín. Esto de los excursionistas es algo que trae riqueza a los pueblos, ¡quién lo duda!, pero siempre algo que marea las costumbres y alborota el sosegado corral en el que los siglos, como lobos tiñosos, pintaron su paciencia.

—¿Y usted no cree que es mejor que la gente se espabile y compre transistores, para escuchar ejercicios espirituales, discursos políticos y partidos de fútbol?

—Pues, mire usted, ¡no sé qué quiere que le diga! Yo creo que la gente lo pasaba mejor antes, sin tanta monserga. A lo mejor, lo que me sucede es que soy retrógrado y no lo

---

* —Tomad, Pedro, aquí os doy una criatura quebrada.
   —Tomad, Juan, aquí os la devuelvo curada.

sé... Hay unos retrógrados peores: los motorizados, los que han puesto el progreso —la imprenta, las motos, la radio— al servicio de todo lo que pueda frenar al progreso. Cada cual se defiende como puede.

En Llavorsí, cuando todavía se explotaba el mineral en la Vall Ferrera, cantaban las ferrerías y las fraguas su violenta canción; después se fueron callando, poco a poco, como tiernas alondras espantadas.

Es ya tarde y el viajero, después de cenar y tomar café, se asoma al río, a ver correr las aguas y a escuchar el melodioso violín del enamorado y solitario grillo de la noche. Una pareja de carabineros fuma al pie del puente, y una pareja de novios campesinos marcha, arropada de silencio, camino del blando lecho del monte. Cruza un perrillo ruin que va de retirada, y por el alto cielo brillador las fugaces estrellas de agosto corren, unas detrás de otras, dibujando sus veloces senderos de luz. En medio del silencio se oye, lejano todavía, el runrún de un camión que viene por la carretera.

TRES DE LOS CINCO NOGUERAS

Al Segre van a dar las aguas de todos los Nogueras. Al Noguera Pallaresa —que se vierte en el Segre entre Alós de Balaguer y Camarasa— se le suma el Noguera de Cardós, en Llavorsí; antes, en Tirvia, el Noguera de Cardós se bebe al Noguera de Vall Ferrera. El Noguera Ribagorzana —que cae al Segre algo más bajo, después de Villanueva de la Barca— recibe al Noguera de Tor por encima de Pont de Suert. No es tan confusa como parece la hidrografía de los Nogueras; sí lo es —y punto menos que misteriosa— su etimología. El viajero piensa que no deja de ser curioso el hecho de que no haya por todo este contorno un solo río que se llame Noguera a secas, y para sí tiene que la palabra, si no quiere decir río, no debe andarle demasiado lejos. Es aventurado pensar, como suponen algunos, que Noguera sea voz que venga del latín navica, barca, o del latín nigra, negro, pero es raro —o al menos no tiene mucho sentido— que Noguera sea, en este caso, nombre propio que signifique lo que en catalán y en castellano quiere hoy decir: nogal. Nogal Pallarés, Nogal de Cardós, Nogal de Vall Ferrera, Nogal Ribagorzano o Nogal de Tor son nombres que, a fuerza de repetidos, suenan un poco extraños (en la función en que aparecen). El viajero tiene como lo más probable que, en este caso, Noguera, en su origen, sea nombre común, no propio, de significado que se ignora y etimología incierta. La comarca de la Noguera (región natural situada entre el Ribagorza, el Pallars Jussà, la Conca de Tremp, el Alto Urgel, el Solsonés, la Alta Segarra, el Pla de Urgel, el Pla de Lérida y la Llitera) es país de buenas y abundantes aguas en el que, de otra parte, no hay tantos nogales como para justificar el nombre.*

Los tres Nogueras del Pallars funden sus aguas en Llavorsí. El Noguera de Cardós y el Noguera de Vall Ferrera se juntan

---

* Escritas —y publicadas ya en el *ABC*— las aproximaciones que anteceden, el viajero recibió una amable carta del abogado navarro don José J. Montoro Sagasti indicándole que en la revista *Destino* (número 1078, de 5 de abril de 1958) apareció una nota suya sobre la etimología en consideración. Por encontrarla de aleccionador interés, el viajero, que no es amigo de adornarse con galas ajenas, deja su texto tal cual iba y copia aquí, por tenerlas por muy aclaratorias y sagaces —¡y allá los sabios y los historiadores de la lengua!—, las palabras del señor Montoro. Están redactadas en forma de Carta al director y, transcritas a la letra, dicen:

«Sr. Director de Destino.

En el número 1074 de Destino, fecha 8 del corriente mes, y en la sección Cartas al director, bajo el epígrafe Toponimia, se pide por don Juan Ane referencias sobre el origen, significado o razón de ser de la palabra Noguera, que en sentido de río se viene utilizando en las montañas catalanas.

Hace dos años leí un artículo de don Rodrigo Pita Mercé, publicado en La Semana, de Lérida, que por cierto reprodujo el Diario de Navarra, de Pamplona, en su número correspondiente al día 11 de agosto de 1946. Este señor cree encontrar la razón y significación de noguera igual a río en la lengua vasca, en el vascuence como decimos en Navarra.

En el vascuence, la lengua vernácula de Navarra —la lingua navar-rorum— como la llamaban los reyes privativos de Navarra, está la razón de ser de la palabra noguera igual a río. Humildemente estimo, con el abate Bidasouet, Cejador Frauca, Tarancón Valencia y otros muchos, que el vasco o euskeldun no sólo es la lengua primitiva de Navarra, sino de toda España, y de casi toda, por no decir toda Europa, por eso en esa lengua (la matriz europea antes de las invasiones arias) se encuentra la razón que pide don Juan Ane en su carta al señor director de Destino.

Río rápido en el vasco actual, se llama uguerra, y para denominar con más propiedad una torrentera rápida, se dice: n'ugarr o' ain nuguer, o ain nuguerra. Todo ello es igual a nuguerra.

La palabra vasca nuguerra o n'ugarr por evolución, catalanización (si queréis por lemosinización), dio lugar, al romanizarse el Pirineo catalán, a noguera, que es la equivalencia evolutiva catalana de la ain nuguer, o n'ugarr, o nuguerra vascónicas.

Río rápido, barrancada o torrentera. Como en los valles pirenaicos en Tirvia, la bien puesta. A la legua escasa de río que va de Tirvia a Llavorsí, casi todos le llaman Noguera de Cardós y algunos, por aquello de la variedad, Noguera de Vall Ferrera. El viajero se suma al sentir de la mayoría, aunque también piensa que este canijo trecho bien pudiera bajar neutralizado, como a veces pasa en las carreras de bicicletas.

Desde Tirvia se ven, abiertos como los dedos de una mano abierta, los valles de tres de los cinco Nogueras; los otros dos quedan muy a trasconejo de estos pagos, más allá de los altos montes de poniente. Si la mano abierta es la derecha, con la palma hacia arriba, el dedo pulgar sería el Noguera de Vall Ferrera; el meñique, el Noguera Pallaresa, y los tres del medio —y sobre poco más o menos—, el Noguera de Cardós y sus tres brazos: el río de Estahón, el dedo anular; el río de Tabescán, el dedo del corazón, y el río de Lladorre, el dedo índice.

Las aguas de Llavorsí forman una Y griega mayúscula,

(valle en vasco es igual a ara o a ibar, según que sean en artesa o con río o en meandros) los únicos ríos son los rápidos, torrenteras o barrancadas, es natural que para sus habitantes río es igual a uguerras, n'ugarras, nuguerras o nogueras.

En Navarra se conserva el vasco (gracias a Dios, por el conservadurismo navarro) y por ello a las torrenteras, barrancadas o ríos rápidos propios de los valles pirenaicos de la parte catalana, al perderse el vasco (o la lengua equivalente o pariente que se hablase) quedaron los recuerdos o rastros, y uno de éstos es llamar a los ríos nogueras, alterando muy poco el significado y fonética vasca propia (o por u o ou).

También explicaríamos mediante el vasco o vascuence el origen de ara, garona, erito y el significado de los pueblos catalanes que comienzan con es, o acaban en uy, en erri, en un u on y en il que es lo que interesa al citado señor Ane. Mil gracias, señor director. — JOSÉ J. MONTORO.— (Pamplona).»

Lo más probable es que el corresponsal del viajero tenga razón y, en todo caso, sus lógicos y bien traídos argumentos siempre habrán de ayudar a quien convenga. Las palabras, a veces, son como hospicianos que se resisten a la media filiación; es plausible todo lo que se haga en pro de su empadronamiento y su no siempre diáfana genealogía. Este no es un libro dedicado a filólogos y estudiosos, sino, más modestamente, a lectores que no buscan cosa otra alguna que solaz en sus páginas; en este buen entendimiento, el viajero piensa que ha de bastar cuanto en esta nota se transcribe y comenta.

con el pueblo situado en el punto donde se tropiezan los tres palitos que la forman. El palito que sale hacia la izquierda es el Noguera Pallaresa, con su camino que va a Francia; el palito que sube a la derecha es el Noguera de Cardós, con su camino que se abre más adelante, a los pies de Tirvia.

El viajero sale de Llavorsí aún de noche, a punto ya de romper el nuevo día; para mejor orientarse, va de la mano del Noguera de Cardós, río montañoso y medio saltimbanqui que camina a brincos, igual que los chivos, los chotos, los buches y los zagales.

Antes de llegar al Noguera de Vall Ferrera, los pájaros del cielo empiezan a cantar, jolgoriosos, mientras la luz pinta de mil colores la mañana; el viajero, que es hombre de inclinaciones sencillas y hábitos sentimentales, se sienta en la cuneta, a palpar la vida que comienza a vivir: la araña volatinera destripando la torpe y sabrosa mosca presa; el bando de xixellas zuranas huyendo del gavilán; la quebradiza y medio viciosa libélula haciéndole regates a los lirios; el escarabajo hacendoso empujando su bolita de mierda; el ciempiés veloz, el gazapillo mamón, la pintada perdiz, la oveja perezosa, el cachondo morueco, el can, el inmóvil pastor de mugre bucólica y decantada.

La fábrica de Tirvia, que es uno de los hitos del Pallars, está arruinada y en el suelo; en la fábrica de Tirvia se trabajó la lana hace años, cuando la vida no se había puesto todavía difícil.

Los tres caminos —tri via— de Tirvia son cuatro, que hay uno que lleva a Burc o Burg, y a Ferrera, en la coma —o nava— de Burc; Tirvia y Burc, cada uno en su escarpadura, se parecen como dos gotas de agua. A Tirvia, en su atalaya, le zurraron a modo durante la guerra civil; cuando los ánimos se calmaron y volvió la paz, el gobierno quiso reconstruir el pueblo en la carretera (lo que quizá tenía cierto sentido común), pero los de Tirvia prefirieron seguir en su aireado palomar, desde el que se contempla buena parte del mundo.

Tirvia es un pueblo raro, medieval y de la dirección general de regiones devastadas, a partes iguales, sobre el que flota un confuso halo heroico de arrieros, contrabandistas y cazadores. En can Perucho, el viajero desayuna tres huevos fritos, una carnicera de tocino (frito también) y un patricón de vino rancio, pegajoso y saludable, que le pintó el gaznate de sosiego.

Cintet de la Polla es el último arriero del país; cuando él muera, con él desaparecerá un vivo recuerdo histórico, el postrero vestigio de una institución secular y civilizadora, andariega y valiente. Cintet de la Polla se llama Evaristo. A Cintet, le dicen de la Polla por raciones obvias; su padre también era Cintet de la Polla, se conoce que por esta comarca los atributos y los apodos son hereditarios. Según lenguas, Cintet de la Polla la tiene, en estado de flaccidez, como una liebre muerta. Cintet de la Polla anda por los ochenta años, o cerca. Cintet de la Polla se ríe al recordar los tiempos idos. Antes, cuando se le empinaba, parecía el serpent de San Félix, con su diamante encima de los ojos, su larga cabellera, sus fauces desaforadas, su prestancia, su juguetona elasticidad, su consistencia de acero. En la Carajicomedia, ilustre pieza del siglo XVI, no se cantaron mejores ni más eficaces herramientas.

A Cintet de la Polla también le dicen Pincho porque, de joven, le gustaba vestir bien y elegantemente. Pincho tenía la dentadura y el estómago fuertes y poderosos, se conoce que a juego con la polla. Pincho, cuando estaba de buen humor, rompía con los dientes y masticaba y se tragaba después los vasos en los que había bebido vino; el vidrio debía sentarle bien a la salud, porque estuvo siempre fuerte como un toro.

Cintet de la Polla se pasó más de media vida gobernando mulos por los senderos del monte; llevando clavos y herraduras a Andorra, por el collado de Conflens y el caserío de Vixesarri; trayendo vino de la Conca de Tremp; pasando pistolas y escopetas ripollesas a Tarascón, por el angosto portillón de Colac, que se esconde por encima de las frías aguas del ibón de Certescáns, laguna de muy crueles leyendas.

Cintet de la Polla, con sus grises ojillos de rata mañosa y su badana surcada por mil arrugas, piensa, con Jorge Manrique, que cualquier tiempo pasado fue mejor.

Arahós está ya en la Vall Ferrera; Tirvia es su portalillo, su primera linde. Por el país suelen pronunciar Farrera, con a, según el uso leridano. Vall Ferrera o Farrera es topónimo de fácil etimología: del latín valle ferraria, valle de las minas de hierro. En la Vall Ferrera llegó a haber dieciocho fraguas o forjas, que aguantaron hasta hace cincuenta años. La farga catalana quemaba carbón vegetal y trabajaba el mineral de hierro golpeándolo con unos mazos a los que movía el agua; la farga catalana era como un molino que molía harina de color de fuego, en vez de harina de color de nieve. La farga catalana, en la Vall Ferrera, acabó antes con la leña que con el hierro y dejó a la tierra áspera y pelada y en los puros y oxidados cueros de la geología.

El viajero no hace alto en Arahós, que lo pasa de largo aunque sin prisa. A la orilla del río crecen los chopos y los abedules y, por la mancha de Birós, se pinta el apagado verde de los abetos. La luz de la Vall Ferrera no alumbra el mundo con alegría, sino con muy cautelosa grisura; en el arco iris de la Vall Ferrera todos los colores aparecen como lastrados de un negro pizarroso y grasiento, monótono y mágico y sosegadamente demoníaco. La Vall Ferrera es de color violeta, con pinceladas negras, y verdinegras, y azul marino, y gris, y muerto granate solemnísimo. En la borda de Felip, a la izquierda de la carretera, un gozquecillo canijo se lleva un palo por terco e imprudente.

Aynet de Besán queda en la misma cuneta del camino, en un abierto recodo del Noguera de Vall Ferrera, río que baja a saltos. Poco antes y por encima de la silenciosa borda de Felip, se pinta —o se desdibuja— el caserío de Besán, con su ermita de silvestres y fieles avispas que cumplen cuanto los cristianos no cumplen, y que llevan cera a la Virgen cuando los cristianos se olvidan. Enfrente, por la borda de Clauri, cruza el raposo mientras que por su cielo, solemnemente, vuela el águila espantando tórtolas y otros delicados y ociosos querubines.

Alins aparece no mucho más arriba, con su aire montaraz y sus recuerdos. Alins es la capital de la Vall Ferrera; Areo es del mismo tamaño, más o menos, y tiene mejores casas, pero el ayuntamiento está en Alins. El derecho administrativo es el derecho administrativo y el viajero carece de afición a estas artificiales cuestiones. En la plaza de Alins duerme su último e inútil sueño un recio mazo de forja, en tiempos cantarina y orgullosa ferrada y hoy meadero de canes y aselador de pollos. El viajero, a quien la vida zurró ya lo bastante para hacerlo humilde, piensa que no hay soberbia que no caiga ni torre que se mantenga enhiesta durante más tiempo del que Dios disponga. Y el que, en su cerrazón, piense lo contrario, que pruebe, que ya se lo dirán en misas.

En can Borniquel el viajero, que quiere seguir andando, almuerza parvo y ligerito (truchas, chuletas, cerezas, café de recuelo y copa), y sale de Alins por el abrupto camino de Tor, en el remoto mundo del Port Negre y del Port de l'Ovella, allá en los olvidados y solitarios senderos que llevan a Andorra, cruzando montes generosos y collados umbríos y de muy dulce y bravo sosiego.

El camino corre a orillas del río Tor —que anda muy lejos del ribagorzano Noguera de Tor, claro es, y sin parentesco alguno—. Este río Tor de la Vall Ferrera nace de los montesinos amores de dos arroyos, el Sufraién y el Rabassa, que se tropiezan en las mismas casas de la aldea de Tor.

Antes de llegar a Noris, el viajero se tumba a descansar un rato a la sombra de una noguera maternal y copuda en la que canta el pájaro y salta la descarada ardilla pelirrubia. La sombra de la noguera puede ser dañina para quienes duermen la siesta a su cobijo, y el viajero, para evitarse encantamientos y demás trastornos, cortó una ramita de a medio palmo y se tumbó con ella en la boca, por si se quedaba dormido.

Tor, allá lejos y alto, es el fin del mundo, el último rincón de los montes, el lugar donde Cristo voceó sin ser oído por nadie. En Tor viven cinco o seis familias heroicas, olvidadas, sobrias, que miran al cielo y a la tierra con unos honestos y atónitos ojos del siglo xiv.

Tor, hasta hace muy poco tiempo, estaba sin carretera. A Tor se iba, a trancas y barrancas, por un sendero gimnástico y cortado a pico, por el que no se podía subir sino descabalgando el caballo. El único hombre capaz de llegar caballero hasta estos andurriales fue el viejo y casi mítico Sansa, que murió hace ya algún tiempo. Se dice que por el paisaje de Tor nadie había visto jamás a un solo jinete, como no fuera Sansa o el apóstol Santiago.

El viajero llega a Tor antes de caer la tarde. Hace frío (tampoco demasiado frío) y en la paja de la borda Peirot, a la sombra del Capifons, el viajero, con las carnes ligeramente cansadas y el espíritu en paz, se duerme al buen resguardo de la noche y sus atroces silencios.

A la mañanita siguiente, aún el sol sin mostrarse en el aire diáfano, el viajero estaba ya otra vez en el cruce de Alins, a orillas del Noguera de Vall Ferrera y sus aguas familiares y rápidas. Desde el cruce hasta el caserío de Areo o Areu hay algo menos de una legua de cuesta no muy pina ni difícil de andar. Por el mohedal de Falledo un cazador rastrea la perdiz, y por las bordas de. Ose, sobre la tierna yerba, un toro ceniciento monta, con violentísima y amorosa sabiduría, a la vaca de atónitos ojos agradecidos y cachondos. Más arriba queda la borda de Armengol, donde no pasa nada.

Areu es pueblo ceñudo y vigoroso, terne y de negra color. Areu va para abajo; antes, cuando aún se trabajaban las ferrerías, Areu llegó a tener cien casas nadando en la patriarcal y casi mágica abundancia que brinda la entraña de la tierra; el mismo mal miserable que mató las minas, cerró después las casas y diezmó a los mineros, que cruzaron a Francia en busca de trabajo. En Areu quedan veinticinco o treinta casas abiertas, no más. Areu guarda del viento los últimos muros de la Vall Ferrera. Más allá de Areu y hasta meterse en los montes de Francia, no quedan sino bordas aisladas, solitarias, bucólicas, miserables; el viajero piensa que no merece demasiado la pena perderse entre riscos yermos y sopeñas fragosas, que para eso ya están los excursionistas.

Desde el refugio de Vall Ferrera —que cae a tres horas de Areu; a ocho de la andorrana Arinsal, en la loma de Percanela, y a nueve del francés Auzat, adonde llega el trenillo de vía estrecha de los alpinistas— se pueden escalar los altos picos del país, que los hay macho y hembra: son picos ♂ el Baborte, el Sotllo, el de Coma Pedrosa, el Monteixo, el Lavans, el de Medacurva y el de la Roca Entravesada, entre otros; son picas ♀ la Roja y la d'Estats, por ejemplo, que es la más alta peña catalana, casi en la raya de Francia, Andorra y España.

Si queda algún oso por el Pirineo —y es posible que alguno quede todavía— por aquí debe andar, por estos últimos recovecos de la Vall Ferrera. El oso es bestia mítica y sentimental, errabunda y golosa, atlética y literaria, que pasea por el monte sin meterse con nadie, castrando colmenas, pescando truchas y partiendo nueces. Del oso se habla en singular, como de los conceptos abstractos, y casi con respetuosa mayúscula distanciadora. El oso es animal serio y consuetudinario, solemne y digno y poco amigo de improvisaciones, promiscuidades y modernismos. Por la Selva, que es el rincón que se agazapa entre el Monteixo y la pica d'Estats, piensan —quienes deben saberlo— que vive el oso sus últimas y acorraladas decadencias.

En Areu hay dos fondas —can Ribes y can Jubany—

de cocina sólida y saludable, gustosa y honesta; en ambas se puede comer bien y con el tranquilo deleite que reportan los manteles sin trampa ni cartón ni polvos de la madre Celestina. El viajero lo dice para conocimiento del público en general y porque quiere para el prójimo, casi abnegadamente, lo que para sí: cuidar la panza y, mientras pueda, no permitir que, quien sepa hacerlo, se escape sin acariciarle mimosamente las delicadas glandulitas del gusto.

El amo de can Jubany se llama Buenaventura, que es nombre hospitalario y de confianza, nombre de mucho concierto y fundamento. El viajero almorzó aquel día, en can Jubany, igual que un patriarca victorioso, afortunado y sabio.

La escudella —plato al que, por el país, llaman vianda— es una olla podrida en la que se cuece, se conoce que para que no se pudra, lo más granado, elemental y sabroso que al hombre brindan los dos reinos vivos de la naturaleza, el vegetal y el animal: la artesana patata, la judía pedorra, la descarada col, el peleón garbanzo, el arroz obediente; y aparte, la costilla en adobo y el hueso de jamón y el tocino sensato del benéfico puerco (jamás bastante celebrado), los menudillos del pollo presumido, la pechuga de la puta gallina, la falda de manso buey... ¡Bendito sea San Cristobalón, patrono de caminantes, que a veces pone al viajero en el camino de la hartura!

El confitat es un segundo plato razonable. El confitat es un dúo de pucheros de barro: en uno están escondidos, náufragos en el aceite de oliva (también pudieran estarlo en unto), el lomo de cerdo, la costilla, la butifarra y la salchicha; en el otro, que debe ser a juego, duermen el morro y las orejas. Se sirve caliente, en proporciones y cantidades a discreción, y con patatas recién fritas y salsa de tomate.

Buenaventura Jubany, fondista benemérito y cumplidor, ofreció al viajero, quizá para ayudarle a bajar lo que hubiera acabado bajando por su peso, un estofado de paletilla de cordero con setas de tres clases, a cual más artística y montaraz: la carrereta de paladar campesino, el minúsculo y dorado moixarnó (al que los aragoneses llaman mojardón, en su castellano), y la redondita esponja de la murga. El viajero, al ver a su amigo el fondista tan ilusionado, no se atrevió a negarse.

—Con mucho gusto. Saque usted su estofado, que con mucho gusto procuraré hacerle los honores.

El queso de oveja del país, duro y de muy hondo sabor, es tan bueno que casi se le puede llamar fromage; en esto se ve que Francia queda a la mano. Y las frambuesas del abetal de Areu, de aroma tan delicado como su poético tinte de violeta, son el dulce colofón angélico de tanta felicidad.

El viajero, que había comido demasiado bien como para atreverse a pedir café, encendió un purito farias y se bebió, con una calma infinita, tres copas de ratassía, que es el aguardiente que en castellano llaman ratafía. La ratafía, según el diccionario, es un rosoli en el que entra zumo de ciertas frutas, principalmente de cerezas o de guindas. El viajero entiende que el concepto es más amplio de lo que ahí se dice, y que el diccionario, en su buen deseo de precisión, habla de las ratafías que llaman de Grenoble y de Neuilly, pero no de la ratafía en general, que no tiene por qué ser de cerezas o guindas. El viajero piensa que la ratafía pudiera definirse diciendo no más que: rosoli de frutas. La ratafía del Pallars (y que en ningún caso debe entenderse como exclusiva del Pallars) es de nueces, y su receta, sobre poco más o menos, pudiera ser así: se machaca una onza de nueces frescas, lechosas aún, y se ventilan bien ventiladas durante un día entero; se les añade un argenso de canela, veinte granos de clavo y otros tantos de macis; se les aviva con una corteza de limón y un ramito de menta o de marialuisa, y se mete todo en media cántara de alcohol de buena clase, al que se bautiza con dos porrones de agua y se endulza con seis libras de azúcar de lustre; se tiene todo en maceración durante una luna, se cuela, se exprime, se le añade jarabe en frío hasta que dé una cántara escasa, se filtra con una servilleta de lino y se bebe a copitas y con paciencia. Es bebida dulce y clerical, licor a propósito para templar gaitas digestivas y adormecer conciencias liberales; su abuso está contraindicado, ya que puede conducir a muy peligrosos nirvanas administrativos.

El viajero, se conoce que a resultas de la satisfacción que produce el deber cumplido, descabezó una siesta solemne, grandilocuente y eficaz, durante la que se soñó consejero áulico de infantas cachondas, talludas y bigotudas. La mecedora de can Jubany tiene un bamboleo muy a propósito para los más espirituales ensueños...

De la Vall Ferrera puede pasarse al valle de Cardós por el monte, por los senderos que cruzan desde las bordas del Capità o de Gabachó hasta la cabaña de Sellente o las bordas de Alertamot o de Gallimorta, en el otro quijero de las aguas; es un itinerario que hay que conocer, lleno de vueltas y revueltas, descaecimientos, recovecos, simas y otras celadas que lo hacen lento y espinoso, duro y difícil y fatigador. El viajero, que ni tiene prisa ni es partidario del deporte, decide volver por donde vino y desandarse la Vall Ferrera por la cuesta abajo del río, que es camino fresco y amable, declarado, cómodo y nada engañoso.

Tal cual lo pensó, el viajero, levantándose aún con las estrellas brillando en el firmamento, llegó a punto de amanecer a la confluencia del Noguera de Cardós, ciento cincuenta pasos más allá del cruce de Tirvia, en el punto que dicen Palanca de Tierra Negra.

La mañana está alta, clara y fresquita, y las aguas de los dos ríos —unas aguas saltarinas y todavía jóvenes— fingen pelearse, con muy jolgorioso y amoroso estruendo, cuando se topan como dos chivos bravos y montaraces. El Noguera de Cardós es más diáfanamente azul que el Noguera de Vall Ferrera; se conoce que sus aguas reflejaron menos negra ruina, menos gris y monda y lironda desesperanza. Las aguas no son como espejos, sino como corazones; de las aguas no se borra jamás la huella de lo que un día vieron.

Por el camino de Ribera de Cardós viene una esbelta mocita en bicicleta. Por el camino de Tirvia baja un cura con facha de arriero, jinete en una mula torda. Por el camino de Llavorsí sube el pescador silencioso. Por el camino de Arahós trota el majestuoso mastín lobero de fiera carlanca, mirar torvo y entre sentimental y nostálgico, y fauces babeantes. A la carlanca, por estas latitudes, le dicen colláns del gos.

El viajero, para mayor descanso, se lava los pies a la sombra de un puentecillo anónimo sobre el que, probablemente, galopó la historia.

—¡Qué! ¿Conque lavándoze un poquiyo?

—Zí, zeñó..., digo, sí, señor guardia. A veces uno, por entretenerse, se lava los pies y se refresca la nuca. Esto de la higiene es muy saludable...

Oír hablar castellano con acento andaluz a un guardia civil y en pleno Pirineo catalán es tanto un espectáculo imprevisto, artificioso y desmoralizador, como un índice del hispánico batiburrillo de los escalafones, las administraciones y las justicias.

Ribera de Cardós no es la capital del valle de Cardós o, al menos, no lo es en el excluyente sentido en que Alins pueda serlo en la Vall Ferrera (el término municipal de Ferrera, que comprende, además del pueblo que le da nombre, los lugares de Burc, Montescladó y Mallolís, la aldea de Glorieta de Montescladó y el caserío de Alendo, está al sur de Tirvia, monte arriba y lejos del río y aun del valle). El valle de Cardós se reparte entre cuatro ayuntamientos: Ribera de Cardós, Estahón, Lladorre y Esterri de Cardós. La menos minúscula de todas estas entidades de población es Ribera, y sin embargo no llega a contar doscientas almas. Los términos municipales de Estahón y Lladorre tienen más habitantes que el de Ribera; las capitales, no. El segundo pueblo del valle,

Tabescán, carece de ayuntamiento propio y es gobernado desde Lladorre; esto del mando a distancia es algo que está bastante generalizado.

Ribera de Cardós está a una legua del cruce, sobre poco más o menos, y en un llano manso y apacible, dulcemente verde y acogedor. El duro purgatorio de la Vall Ferrera se ha transformado de repente en un minúsculo limbo suave y delicado, y el viajero, que propende a la holganza y a la contemplación, se sienta a la vera del camino a holgar y a contemplar: oficio viejo como el mundo. En torno al pueblo y sobre los campos aún ayer sembrados, se despliega la bucólica tropilla de los tresnales; por el país les dicen cavallons, que es catalán arcaico y medieval. Por el cielo vuela el angelito al que llaman verderol y es verde y amarillo como las hojas del primer otoño, y por el suelo corre, rodeado de pollos, la pecadora perdiz que tiene venenosa la cabeza. Cuando San José y la Virgen huyeron a Egipto con el Niño Jesús, se escondieron detrás de una gavarnera, que es como llaman los catalanes al agavanzo, para que los soldados del rey Herodes no pudieran encontrarlos; entonces una perdiz chivata que pasaba por allí, empezó a gritar: Sota la gavarnera é! Sota la gavarnera é!*, y la Virgen María, asustada de que pudieran robarle la criatura, le dijo: ¡Maldita sea tu cabeza!

El viajero entra en Ribera de Cardós por una larga sauceda centenaria en la que los mirlos silban la Marcha Real. Ribera de Cardós es pueblo que tiene veraneantes y hasta un hotel, el Moderno, propiedad de la señora Pedrico, que está instalado con aseo. En Ribera de Cardós —no en el pueblo, sino en mitad del campo— también hay una iglesia románica, solitaria, robusta, cuyas campanas tañen con melancolía.

El viajero, por la cuestecilla de Surri, caserío que florece sobre la colina, se encuentra con un niño que va, casi desilusionadamente, a mariposas. Al viajero le producen mucho

---

* ¡Debajo del agavanzo están! ¡Debajo del agavanzo están!

respeto estos niños medio poetas, medio naturalistas, pálidos y bien vestidos, que miran con una ingenuidad casi cruel y que serían capaces de pasarse una mañana entera descabezando gorriones o destripando atónitas lagartijas. El niño va serio y ensimismado, evadido y graciosamente cejijunto, y el viajero —por consideración a su solemne empaque— se limita a darle los buenos días.

—Bon dia.

—Bon dia.

Desde Surri se ven las casas de Ribera, inmediatamente ahí abajo, como puestas a propósito y no por casualidad; la mano de Dios, a veces, ordena el mundo con muy graciosa armonía. Desde Surri también se ve la serpentina del Noguera de Cardós, punteada de chopos casi aéreos, de chopos como ángeles distraídos, y el escenario de aquelarres del pla de l'Egua, o calvero de la Yegua, donde las brujas suelen reunirse a hacer las cochinadas y a tocar la música la noche de Santa Coloma. El viajero, caminando a orillas del arroyo de la Rosa o río de Estahón, agua que cae al Noguera por estos pagos, sube hasta Bonestarre, rodeado de montes; desde el pui Tabaca, que es como una pirámide verdecida, puede palparse cerca de medio mundo.

Estahón, por encima de Anás, la selvosa, no queda a orillas del río, que cae algo apartado. El viajero, que llega a Estahón con el sol en las doce, busca donde puedan darle de comer. Las pinturas románicas de Santa Eulalia ya no están donde Dios las puso, con su infinita paciencia, hace ocho siglos. A las pinturas de Santa Eulalia se las llevaron a un museo de la ciudad, embalsamadas igual que momias. Al viajero, estas depredaciones que se hacen en nombre de la cultura y de la conservación de las obras de arte le dieron siempre muy mala espina. A los regidores de los museos no suele importarles el arte en sí, el temblorcillo o el aleteo del arte, sino su clasificación, su ficha policíaca: esto es esto, esto es lo otro, esto es lo de más allá, procede de tal sitio, es de tal fecha, se supone obra de Fulano o de Mengano, tiene tantos por tantos centímetros, etc. Los museos son algo muerto, algo que va contra la natural ley de las cosas; los cuartos que se gastan en atiborrarlos de mercancía y en pagar a sus empleados, más hubieran lucido en tapar goteras y reconstruir el primitivo emplazamiento de cada cosa, que también suele ser una obra de arte. Las truchas del lago de Estahón, de color rojo brillante armoniosamente repartido en figuras geométricas, fueron inventadas por el señor Pol i Pol; en can Peret las fríen con mucho acierto.

El viajero, alimentado de truchas rojas, peces que tienen la carne muy recia y amativa, se mete por el camino del monte y llega, a la media tarde, hasta las bordas de Perefita, por encima de las bordas de Clavillans, en cuya última soledad una zagala prieta y sordomuda y aromáticamente verrionda le brinda la revolcada y violenta merced de su compañía y el queso y la miel silvestre de su amorosa carne de potranca.

... ...

A los tres días con sus tres noches, todo sigue en su sitio y como si tal. El viajero, en Lleret, se purga el alma con ciruelas, para evitar insidias y rezongos, y en Ayneto, sobre su alta peña y otra vez en el Noguera de Cardós, se lava los oídos con avellanas para ordenar el runrún de la aflautada cohorte de los espadones. ¡Al carajo, quienes dejan escapar viva la ocasión! Por los hondos montes, cuando los carga la nieve del invierno, ruge el bufit que arrastra la estruendosa apisonadora de los aludes.

Tabescán medra, o merma, que es cosa que no se sabe bien, en la linde de los pasos de Francia y rodeado de montes por los que se escurren las mil venillas del cielo. Los catalanes escriben Tavascan, con tres as, con uve y sin acento, aunque pronuncien —Tavascán— como si lo llevara. En Tabescán se encuentran las aguas que bajan desde el ibón de la Mariola y el coll de la Cornella, con las que vienen —aquéllas a diestra y éstas a siniestra del espinazo de la sierra de Canals— de las lagunas de Certescáns y Romedo y el puerto de Lladorre. A las primeras, algunos les llaman río Tabescán; a las segundas, río Lladorre. El viajero cruza por Tabescán temprano aún y cantando canciones espirituales: el tango Yira, yira, los valses Ramona y ¡Viva María! ¡Viva el rosario!, etc. Al viajero, el aire de la mañana le da a veces, alegre y honesto como una flor.

Lladós, Florencio Lladós, es el amo de la fonda de Lladorre. Florencio Lladós, probablemente, es prerromano; se le nota en la manera de cortar el pan, freír los huevos y escanciar el vino. Las truchas de Lladorre son musculadas y nerviosas, parecen liebres gimnásticas, saltarinas y zigzagueantes; las truchas de Lladorre son muy difíciles de pescar porque saben latín. En el plato, las truchas de Lladorre son afiladas y de color de acero, con el lomo pintado y la panza tirando a blanquecina. Florencio Lladós las cuece en agua y vinagre, matándolas antes de un capón, como a los conejos; después deja que se vayan enfriando poco a poco y las sirve, cuando quiere servirlas, con salsa vinagreta; a veces está de mal humor y entonces no las sirve, ni con vinagreta ni de ninguna manera, sino que se las come él —mirando desafiadoramente para el tendido—, y aquí paz y después gloria. El viajero tuvo suerte porque Florencio Lladós estaba contento y no se comió todas las truchas.

Boldis Jussà y Boldis Sobirà —o Boldis de Baix y Boldis de Dalt o de Munt, que también les dicen— aparecen por el monte arriba, entre prados tiernos, fuentes adornadas con el mimoso encaje del culantrillo y frescas manchas de cambiante verdura. Por todos estos dulcísimos rincones se escucha, casi venenosamente, la bucólica voz de Virgilio.

Pantocrátor es nombre muy pedante, palabra para ser pronunciada con énfasis por críticos, catedráticos, guías de las agencias de turismo y demás fauna conservadora y gubernamental. Pantocrátor, etimológicamente, quiere decir todopoderoso. En la mitología griega, Pantocrátor era el apellido de Júpiter. Después se usó como antonomasia de Jehová, el Dios de los judíos y los cristianos. Los maestros pintores del siglo XII no quisieron representar a Jehová, el Pantocrátor, sino a Cristo, el Mesías. Es cierto que Cristo es Dios, pero no lo es menos que es Dios tan sólo para los cristianos, a diferencia de Jehová, que lo es también para los judíos. El maestro de Ginestarre no pintó a Jehová, que pintó a Cristo; lo mismo pudiera decirse del maestro de Tahúll, en su pintura del ábside de San Clemente. El románico es todavía un arte cristiano viejo, un arte sin contaminaciones judaicas; del gótico ya no pudiera decirse lo mismo: el gótico es más confuso y teológico, más turbio y mezclado, más semítico. Al Cristo de Ginestarre se lo llevaron al museo de Arte de Cataluña, en Barcelona; Cataluña no se libra del mal que atenaza a España entera, el centralismo, y engorda a su capital, Barcelona, a expensas de todo el Principado. Al viajero le gustaría ver a las capitales más flacas y a los pueblos más vivos y lozanos.

Por la borda Baquet cruza el atajo de Esterri de Cardós, en su umbría regada por cien fuentes.

El viajero, en Esterri, pregunta por su amigo Cinto Canut, a quien conoció durante la guerra civil en Logroño, en el regimiento de Bailén, número 24, y escucha la triste novedad de que a su compañero de milicia lo mató un barreno, en Igualada, hace ya cosa de tres años. Cinto Canut dejó viuda y dos hijos pequeños; se defienden bien porque Cinto, aun sin ser rico, tampoco era un muerto de hambre. El cuñado de Cinto, que se llama Toribi Lluent y tiene un ojo de cristal, es cazador y pescador. Al viajero le presentan a Toribi Lluent en la taberna de Capellá. Toribi representa unos cincuenta años y tiene el aire tosco, bondadoso y antiguo. Toribi habla mucho, pero con eficacia y sin decir necedades. Según explican al viajero, Toribi es hombre de nobles inclinaciones, que ayuda al menesteroso, socorre a quien va de camino y auxilia y echa una mano al que lo precisa. Toribi Lluent hace la caridad por afición y con cierto sentido deportivo de la existencia. Toribi Lluent es medio caballero andante y medio boy scout, con unas gotas de perro de San Bernardo.

—Si quiere venirse conmigo hasta Arrós, podrá dormir bajo techo; en Arrós tengo una borda en la que se está bien y caliente.

Arrós, a las primeras sombras de la noche, parece un pueblo habitado por fantasmas. Los precipicios de Arrós, probablemente, están llenos de fantasmas que se oyen gemir, aun sin querer escucharlos, pero que no se ven volar, aunque se les mire fijo como la lechuza. La borda de Toribi está a media falda del cerro Tudela, entre árboles ululantes y temerosos que silban mágica e ininteligiblemente, y peñascos en los que deja su áspera huella la pata de cabra del demonio. Cuando el viajero, aquella noche, se tumbó en el llit de colga que le brindaron (un cajón de paja sobre cuatro pies pintados de color azul), se peinó la barba para desenredar a los espíritus malignos, se puso la flor del cardo de oro en la boina y cerró los ojos para no ver aletear, en las tinieblas, a los sobresaltados y miedosos murciélagos de las ánimas del purgatorio.

Al día siguiente, el viajero, para reponer fuerzas, desayunó un balde de leche aromática, espesa y recién muñida, que le barrió todas las aprensiones de la conciencia.

Arrós, a las primeras luces de la mañana, semeja un caserío poblado de ángeles y arcángeles, querubines y serafines, tronos, dominaciones y potestades.

—¿Se va ya?

—Sí, voy a ver si me llego otra vez al rumbo del Noguera Pallaresa, por donde vine.

Aynet de Cardós, después de pasar una aserradora en la que los troncos de pino huelen como hogazas de pan, enseña su alegre y recogida silueta a la vera del río y entre prados minúsculos, recoletos y dulces. Aynet de Cardós está muy artísticamente puesto en una vega poco mayor que un plato y tiene el aire amable y luminoso, como de campesina vestida de domingo. El viajero, en can Boneta, se bebe dos copas de aguardiente antes de seguir.

—¿Tienen ratassía?

—No, señor, que se la bebió toda Joanot Fura, el sepulturero. Tenemos aguardiente de guindas, si quiere.

—Bueno, déme aguardiente de guindas.

El aguardiente de can Boneta tiene gusto a jamón en dulce.

—Está bueno, ¿eh?

—¡Ya lo creo que está!

En algunos libros del siglo XIX, a Casibrós le dicen Casibrós de los Eclesiásticos; después, se conoce que con lo de la desamortización, le apearon el tratamiento. Casibrós está en un altillo sobre el río y a la mano ya de Ribera, a un cuarto de hora de andar y no de prisa.

El viajero, entre vetustos sauces amigos, sale de Ribera por el camino que trajo, a orilla de las aguas y a su caer. Frente al cruce de la Vall Ferrera y muy poco antes de que los dos ríos se tropiecen, nace una senda, a mano derecha según se viene, que lleva, por el monte arriba y sorteando barrancos, hasta la otra vertiente. No es aún el mediodía y por el alto cielo luminoso vuela el halcón, la más noble y gallarda de todas las aves.

VIAJE AL PAÍS DE LOS LAGOS

El viajero, por el camino que se dice, cruza la cuerda de los montes y se asoma al mirador del Noguera Pallaresa, su viejo amigo y compadre puntual, que baja a brincos y cantando. Atrás quedó el negro Llavorsí, en su hondón de sombras, y por delante esperan aún al viajero varias leguas de río rumoroso y de apacible y entretenido andar.

Aydí queda por encima de la carretera, todavía muy alto y agazapado como un gato garduño en su áspero escondrijo, y el viajero, al cruzar Aydí, se imagina que el terreno luce ni pintiparado para la guerra a palos feroces y a pedradas de buen tino y eficaz puntería; para la guerra que ya se dejó de hacer, a la antigua, como un ejercicio del espíritu y un esforzado adiestramiento de la carne. A la vera del camino del río y arruinado por el mal enemigo del tiempo, el hostal de Aydí —en el suelo como un caballero en desgracia, un arriero despeñado o un contrabandista con una perdigonada en los riñones— hospeda al cuervo y a la ortiga, al lagarto y a la ruin florecilla coloradita, venenosa y sin nombre.

—Vostè és francès?

—No, senyora; soc gallego, per servir-la.

—I vostè, per què enraona el català?

—Ja ho veu, senyora, per mala costum; a la meva terra som un poc maniàtics.*

Estarón también queda por encima del río y del camino real. La veredilla por la que marcha el viajero se estira y se encoge, como la tripa de Jorge; se alumbra y se apaga; salta y se amansa; sonríe y, a veces, se pone seria de repente, igual que un carabinero con juanetes en los pies del alma. El pueblo está en la ladera de la sierra de Aurati, con el Cuco por aureola y, de peana, el farallón cortado casi a pico que cae a plomo sobre el río y la carretera. El viajero, por Estarón, pasa de largo aprovechando la cuesta que lo empuja, y pronto alcanza la rumorosa orilla del Noguera Pallaresa, más escurrido de carnes ahora que cuando lo dejó, legua y media más abajo, antes de meterse a husmear el mundo de la Vall Ferrera y el doméstico vallecico de Cardós.

Frente al cruce de Estarón y desmadejadamente recostado sobre la memoria de los ángeles más insensatos y floridos, un caminante con aires de poeta galán se despioja lleno de paciente y muy mansa y templada sabiduría. A veces, por el perdido desbazadero de los senderillos del monte, mueren —entre uña y uña— los nietos de los últimos e ilustres piojos que acamparon en la militar pelambre de Carlomagno.

Frente al cruce de Estarón y a la mano contraria nace el caminejo de Arestuy, que sigue la derrota del hondo y negro barranco del Caragol o torrente de Bayasca: paisaje en el que se escucha el cadencioso silbo del pajarito y el rebudio, áspero como el papel de lija, del jabalí, ese bandolero. Un automovilista francés cambia una rueda mientras su señora

_____
* —¿Usted es francés?

—No, señora; yo soy gallego, para servirla.

—¿Y por qué habla usted catalán?

—Pues ya lo ve, señora, por manía; en mi país somos un poco maniáticos.

—gorda, bien parecida y con el pelo teñido de color zanahoria clarito— hace punto, solemnemente sentada sobre un guardacantón; esto de calcetar es algo que da mucho sosiego, mucho aplomo ante los trances difíciles.

El monasterio benedictino de San Pedro del Burgal tiene más de mil años. Las aguas del Noguera Pallaresa vieron morir los frailes; trocarse las liturgias en manso polvo del recuerdo; hundirse las arquitecturas; emigrar los pasmados santos —la hierática Virgen, el atónito San Pedro— que pintara el maestro de Pedret. El monasterio de San Pedro del Burgal enseña sus despojos a la derecha del camino, según se sube. El viajero, ante las mudas piedras arruinadas, se duele una vez más de la incuria española, ese cáncer que, al alimón con la envidia, nos va dejando en los amargos y más huérfanos cueros.

Por la Solana de Auresi, el sol persigue una nube en forma de león desmelenado; de león que, poco a poco, se va convirtiendo en blando fantasma: en tremolante harapo de alba túnica de fantasma.

El viajero, de niño, oyó decir que el paraíso tenía una puerta de árboles corpulentos, frondosos y susurradores, en los que silbaba el mirlo, se peinaba la luna y dormía el ángel de la guarda de los más tiernos y sentimentales vagabundos. Escaló es pueblecillo que luce mismo detrás de la arbórea puerta del paraíso. El viajero, al llegar a Escaló, camina a la fresca sombra de los árboles que amansan, con su glorioso porte solemnísimo, la carretera, y dan mayor y más alegre hondura al civil paisaje de las aguas que cantan como alondras. El campanario de la iglesia de Escaló, airoso como un gladiolo olvidado, termina en una aguja de pizarra que se mira en el río. Bajo los pórticos de la calle Mayor, hermosos y solitarios, un gato orondo se pasea con muy patricio empaque. En el prado tiernamente verde pace la yeguada gimnástica y por el camino —jinetes en sendas bicicletas de

alto manillar; el mosquetón terciado, y aburridillo el gesto—
pedalea la pareja de la guardia civil.

—Buenas tardes.

—Buenas tardes nos dé Dios.

La carretera queda entre el río, a la derecha, y el pueblo,
a la izquierda: todo muy junto y apretado. Sobre las casas
y a media ladera de la colina que hace las veces de telón de
fondo, se yergue una torre militar, solitaria y rota, en cuyo
silencio se agazapa la huidiza memoria de la leyenda.

En la pared de la fonda hay un letrero histórico, un letrero
de mucho rigor científico y cronológico, que dice así: Carpintería —Bar— Reedificada en 1920. La fonda es también tienda
de comestibles, bazar y estación de los autobuses de línea.
Es algo tarde para comer, pero en la fonda, con buena voluntad, socorren al viajero y le reconfortan los destemplados ayes
del bandujo.

—¿Va usted al portarró de Espot?

—No, señora; yo ando a vueltas y, bien mirado, no voy
a lado alguno. A lo mejor me llego al portarró y a lo mejor
me doy la vuelta antes, ¡vaya usted a saber! De momento me
voy a quedar a dormir aquí; hoy ya anduve bastante.

En un prado del camino de Escart, una moza de airosa
trenza de seda cuida media docena de vacas mientras recorta
patrones de un figurín francés. Al fondo y pintándose sobre
el cielo de Francia se yerguen los altos picos que dicen Cuenca
y Moredo.

Escart, a orillas de su saltarín riacho, queda por encima
de Escaló, a poniente y a menos de una legua. Según se dice,
los moros no alcanzaron el hondo tajo de Escart, defendido
—se habla del siglo XII— por las contras y los embarazos del
monte y por los cristianos devotos de la silvestre Virgen de
la Peña. Caminando por senderillos de cabras se puede llegar
a la Creu de Xoll y a los estanyets: el grupo de cuatro lagunas
que abre, por este rincón remoto, el país de los lagos. El viajero, para evitar tentaciones, se metió en la cama, cerró los

ojos y se quedó dormido igual que un angelito al que se le cayeran los párpados y las alas de sueño, de cansancio y de hastío.

… …

La fonda Castellarnau es latitud madrugadora, a las cuatro de la mañana ya empiezan a servirse desayunos a los camioneros.

—¿Quiere usted café?

—Sí. Y tres huevos fritos con patatas fritas y chorizo frito.

Hay camioneros que tienen muy buen saque, se conoce que el oficio les predispone los jugos del estómago.

—¿Quiere usted pan con mantequilla?

—No, gracias, prefiero pan frito.

Un francés pescador de truchas tose como un león, mientras preparan el desayuno del camionero partidario de la cocina del aceite de oliva; cuando el humo se agarra a la garganta, no hay defensa.

—¿Por qué no se asoma usted a tomar el aire? Aquí va a acabar echando el bofe por la boca.

El viajero, a punto de pintarse la luz sobre los montes, se hace otra vez al camino. Se anda bien y suelto a la mañana temprano, después de haber dormido en fonda, como un señorito, y no en mitad del monte, como las alimañas y los lagartos.

En la borda del Tort, a la salida de Escaló, se reunían los almadieros del Noguera Pallaresa cuando aún el río arrastraba, por la cuesta abajo de las aguas, los aromáticos bosques recién talados. Las almadías, como las recuas, murieron desbaratadas por el progreso: ese raro carnaval en el que el hombre se disfraza pintarrajeándose el alma con el chafarrinón de turbia y peguntosa grasa de máquina. Mosén Cinto Verdaguer, el clérigo que gorjeaba como un ruiseñor de sabiduría, cantó en versos bucólicos el bucólico oficio desaparecido. El viajero, al pasar ante la borda del Tort, se descubre respetuosamente en homenaje y recuerdo de los hombres que, saltando sobre los troncos, conducían el bullicioso rebaño de troncos hasta Tortosa, allá en las azules lindes de la mar.

Los actuales inquilinos de la borda del Tort, los peones —murcianos, almerienses, jaeneros, huelveños— de la central eléctrica de la Torrassa, se desperezan mientras el día nace y el viajero, como un suspiro, pasa por la carretera; Torrassa significa torre alta y fuerte, y es frecuente topónimo catalán. Las piedras de los muros de contención del río están sujetas por gruesas redes metálicas de fiero trazo carcelario; el viajero, al verlas, se imagina que las piedras presas son como tiburones muertos: un día violentísimos y poderosos, y hoy no más que pesados.

El pantano de la Torrassa es pequeño y gracioso, airoso y bien dispuesto. Es aún temprano y el viajero, que tiene todo el día —y aun toda la vida— por delante, se tumba a la orilla de las aguas a fumarse un pitillo, mesarse la barba y rascarse parsimoniosamente la barriga: tres bendiciones que los dioses no suelen negar a los caminantes.

—¿Busca usted trabajo?

—No, señor, que busco a la viudita del conde Laurel.

—¡Está usted loco!

—Menos que usted, indiscreto caballero. Le agradeceré que no me moleste.

Sobre el agua que riza la suave brisa de la mañana, pinta sus geometrías el azul caballito del diablo; algunos le llaman el caballito de San Vicente.

—¿Es usted aragonés?

—No, señor, le ruego que me disculpe; yo no soy más que bienintencionado.

El pájaro que nombran aguzanieves vuela, veloz como un silbido y a saltos, detrás de las invisibles moscas del aire; algunos, al aguzanieves le dicen lavanderita.

—¿Le gusta la música?

—Según; a mí me gusta la que sopla la flauta y amansa el acordeón, la otra suele hacer demasiado ruido.

Por el santo suelo y sorteando yerbas y boñigas y otros accidentes físicos, marcha el afanoso y solemne escarabajo de color de oro.

—¿Tiene usted documentación?

—Sí, señor; pero no se la enseño más que a la guardia civil, si me la pide.

A las nueve, alrededor de las nueve, empiezan a aparecer unos bañistas muy elegantes y peripuestos, muy ciudadanos y a la moda, y el viajero entiende que lo más saludable es continuar la marcha, poco a poco y al aire de lo que se quiera ofrecer. Por la derecha (que es la izquierda del río) cae al Noguera Pallaresa el arroyo Berrós, que se escurre desde los altos montes que rodean a Berrós Jussà y a Berrós Sobirà, dos caseríos que están a un cuarto de hora el uno del otro, y por la otra mano se vierte, también sobre el Noguera Pallaresa, el río Escrita o de San Mauricio, que viene del portarró de Espot y de otras fuentes, reguladas todas por el lago de San Mauricio. Hacia Francia y por el valle de Aneu se abre un horizonte de suaves verdes, delicados azules y tiernos grises poéticos y misteriosos.

El viajero, de espaldas al sol, se mete por el camino de los lagos, por el senderillo que marcha al buen aire del río Escrita y a su rústica y montaraz andadura. A la derecha queda Estahís, en su ladera, recortándose sobre la silueta de los montes. A la borda de Fort la nimba una aureola de sosiego, de rumorosa y cadenciosa paz.

Espot, como los labios de rubí que cantara el poeta Zorrilla, es pueblo que aparece partido por gala en dos: Espot Solau, o solano, y Espot Ubago, o umbrío. El primero queda al norte del río Escrita y a su banda de babor; el segundo aparece al punto contrario, a la otra ribera y apoyado en las aguas que bajan del estany Trascuro, más allá de la plana de Trapa y de las fuentes del Ferro y de las Marrades, que en castellano quizá pudieran llamarse de los rodeos; a este río le dicen Peguera, porque nace y muere entre los bienolientes pinos de la pez. La iglesia de Santa Leocadia y el hotel Saurat se alzan entre los dos Espot, un poco en tierra más de todos que de nadie. Espot es pueblo de veraneantes, pueblo muy civilizado y excursionista, con señoritas culonas en pantalones; jóvenes que escuchan la radio y beben vermú; caballeros en mangas de camisa y en tirantes, y señoras gordas y vestidas de cretona, con la mala intención bailándoles en el mirar y el vergonzante bigote adornándoles el labio empolvado. Hay señoras que deberían estar prohibidas por la ley. El viajero piensa que a Espot, que es un pueblo tan noble y tan antiguo como cualquier otro del Pirineo, sería fácil devolverle su aire; quizá bastase con lavarle la cara de la artificial mugre ciudadana que la tizna.

A Espot, lo que le pasa es que se civilizó demasiado de prisa. Hace veinte o veintitantos años, antes de que abriesen la carretera, las mujeres de Espot espantaban a los primeros automóviles que se atrevían a meterse por aquella Edad Media, sacudiéndoles estopa con unos escobones hechos de ramas de abedul o de avellano; los creían el demonio y preferían verlos lejos y huyendo. Por el valle de Espot, quizás a resultas de una alimentación demasiado monótona, había mucho bocio —goll, en catalán— y no pocos cretinos bociosos o golluts; después, con la variedad de los alimentos, la cosa se fue arreglando un poco. Las perseguidoras de automóviles a escobazos eran, probablemente, enfermas.

Espot es la llave del legendario país de los lagos de Lérida; detrás de Espot quedan lo menos cien lagos azules, recoletos, de frías y claras y misteriosas aguas en las que viven, diríase que en cordial compaña, la trucha saltarina y la náyade aérea y espiritual. Por el país llaman estanys, estanques, a los lagos, con un manso y civil criterio doméstico que los hace más próximos y familiares.

De Espot Ubago sale un camino, hacia el sur, que se rompe en el puente de Fanés, mismo a las puertas del pueblo; salvando el puente se puede llegar a los lagos que nombran los Estanyets y al pico que dicen Creu de Xoll, a la font Blanca y a la aubaga de Quatre Pins, en el camino de Rialp. Siguiendo por el sendero del Peguera, el camino se hace tierno y amable, suavecico y de muy grato y rústico caminar. Al kilómetro escaso aparece el puente de Salvadó, que salta a la orilla derecha del arroyo, y a los cuatrocientos pasos silba, sobre los helechos de la fuente del Ferro, el verdecillo con pintas de oro en la pechuga. La fuente de las Marrades queda a otro tanto andar y entre piedras a las que tapiza el delicado terciopelo del musgo. Más allá del planell de Trapa y del prado de Lladres, sobre la guarecedora barraca del estany Trascuro, se abre el camino —que ahora viene con tendencia este-oeste— en tres brazos de muy regular disposición: el del norte muere en el estany de Fonguera y en sus crestas abruptas y difíciles; el del oeste se pasea por el mágico laberinto de los siete estanques —el de la Cabana y el de la Coveta, el de la Llastra y el de Peguera, el Port, el Saburó y el Mar—, y el del sur lleva al refugio José María Blanc, del Centro Excursionista de Cataluña, a orillas del estany Tort. Este refugio es punto de partida para las escaladas de los montañeros, esos raros y heroicos y beneméritos deportistas que son capaces de jugarse la vida por un paisaje. El viajero —que es más vagabundo que deportista y, no obstante sus arrobas, más sentimental que atlético— siente un respeto profundo por los mozos que suben y bajan las más difíciles montañas, como si tal cosa y sin dar tres cuartos al pregonero. Por encima del estany Tort queda el estany Negre, con la cueva en cuyo fondo duerme el misterio.

De Espot sigue la carretera hasta el lago de San Mauricio, quizás el más famoso y visitado de todos; también el más fácil de visitar. El viajero, sin apretar el paso, tarda hora y media (puede que hora y tres cuartos) en asomarse a las hondas aguas del lago de San Mauricio, a las que riza el vientecillo del monte y dan escolta los fieros guardianes que dicen los Encantats. El camino del lago de San Mauricio es muy ortodoxamente bello. A la salida de Espot, más allá de la aserradora, la carretera va más alta que el río, pero, al poco trecho, cuando se mete por el bosque adelante, se pone a su nivel. El bosque empieza en el puente de Suá, a las mismas puertas de Espot: un bosque verdinegro y rumoroso levantado sobre las tres patas del frescor, el sosiego y la soledad. En la fuente de Pallers, a medio camino, una familia recoge los restos de la merienda y deja el campo limpio y ordenado como si fuera la salita de su propia casa; por aquí da gusto, la gente es muy civilizada y no siembra el paisaje de latas vacías, cáscaras de plátano y de melón, peladuras de naranja, cascos de botella, periódicos manchados de grasa y otras puercas inmundicias. En la Pleta, un rincón muy romántico y piadoso, se levanta la remozada ermita de San Mauricio. Hace ya muchos años —tantos, que ni se sabe que pueda ser verdad lo que se cuenta—, dos cazadores estaban oyendo misa en la ermita; en el momento de la elevación, cruzó un sarrio al galope (quizá fuera el mismísimo demonio, que quiso perderlos) y los cazadores, olvidando la misa, salieron detrás de él a tiros y a ballestazos. El cura que oficiaba la misa, espantado ante tan impía conducta, invocó al cielo, y un rayo horrísono y quemador alcanzó y convirtió en alta y difícil roca a los cazadores. Así nacieron los Encantats, dos montes gemelos que levantan su airosa cabeza de piedra por encima de las nubes. Mucho tiempo después, otro cura —mosén Jaume Oliveras— los escaló, con tanto riesgo como fuerza y paciencia; mosén Jaume fue el primer español que logró alcanzar ambas cumbres, se conoce que era fuerte y joven y decidido; su hazaña la llevó a cabo en 1912.

Inmediatamente después del Collet aparece el lago de San Mauricio. Un muro de contención hizo crecer las aguas considerablemente y, sobre la superficie, emergen aún las últimas y desarboladas copas de los pinos ahogados; el viajero piensa que, un día u otro, llegará el día en el que el hormigón del muro se disimule (o se medio dignifique) bajo la maleza; todo es cuestión de esperar.

El lago de San Mauricio está en lo que oficial y pomposamente se denomina Parque Nacional de San Mauricio, Aigüestortes o de los Encantados, que se creó por decreto de 21 de noviembre de 1955. El diccionario define parque nacional diciendo: paraje extenso y agreste que el Estado acota para que en él se conserve la fauna y la flora y para evitar que las bellezas naturales se desfiguren con aprovechamientos utilitarios. Si esto es así, en el Parque Nacional de San Mauricio sobran, entre otras cosas: la carretera; el muro que convirtió en embalse artificial el lago natural de San Mauricio; el cuartel; los barracones, y el proyecto de parador de turismo. El viajero piensa que bastaría con aplicar la ley de Parques Nacionales para que la huella de la mano de Dios se conservara, intacta, sobre estos bellos y umbríos horizontes.

Al extremo sudoeste del lago hay una cueva frente a la que desemboca el torrente del Portarró, que engorda con las aguas del Subenulls, que ruedan de sur a norte, y con las del Ratera, que caminan de norte a sur. El torrente del Portarró viene, tal como dice, del portarró o puertecillo de Espot, donde se parten las aguas de las vertientes de los dos Nogueras: el Pallaresa, en el camino de Roma (o de la Meca), y el Ribagorzana, en el camino de Compostela (o de Nueva York). El torrente de Subenulls nace en el pico de Subenulls y se remansa en los dos estanques de Subenulls, el Superior y el Inferior; la verdad es que el torrente de Subenulls no se gastó la hijuela en imaginaciones ni bautismos. El torrente de Ratera se escurre desde el tuc o pico de Ratera y el estany Glaçat, o helado, que rebrilla en la coma de Ratera; al estany Superior de Ratera van las aguas de la coma y de la estanyola de Crabes; al Inferior, que recibe todas las anteriores, caen las de la coma y el estany de Amitjes, y las de la coma del Abeller o del abetal. A medio camino del estany Inferior de Ratera y del lago de San Mauricio saltan las aguas por la cascada de Ratera, que se presenta de pronto, en un respiradero del pinar.

En la cueva del torrente del Portarró, según lo más probable, durmieron el hada Flordeneu, blanca y pura como la flor de la nieve, y Gentil, su amado, cuando anduvieron en viaje de novios por el Pirineo. En la fuente que hay a cien pasos de la boca de la cueva, el viajero almorzó —frío pero de balde— de lo que le brindaron dos señoras talludas y amables, gorditas y bienhechoras: pollo frío (algo seco), tortilla de patata (con el aceite ligeramente rancio) y filetes empanados (no muy tiernos). ¡Menos da una piedra!

El portarró de Espot está a unos tres kilómetros del lago de San Mauricio; el viajero se asoma al portarró, pero, para no salirse del Pallars, no lo cruza; al otro lado, el país de Ribagorza se extiende —montuoso, románico y pasado por agua— hasta donde alcanza la vista. El viajero piensa que ya llegará por sus pasos y su camino al Ribagorza.

El viajero, aquella noche, durmió en Espot, en la artesana can Roya, y el día siguiente le amaneció, igual que a una zurana vagabunda, otra vez a orillas del Noguera Pallaresa y en el camino de La Guingueta.

HASTA EL PUERTO DE LA BONAIGUA,
DONDE MUERE EL PALLARS

El valle de Aneu se abre poco a poco y se dulcifica en su llanura sosegada y dócil, luminosa y convencional como la acuarela de una monja pintora. Al viajero —y a su manera de ser y de padecer— le va más el agua saltarina de Llavorsí, por ejemplo, o el agua rápida y jaranera de Rialp o de Sort, que esta agua doméstica y silenciosa y muerta de los pantanos, que finge tan recatadas y preciosas perfecciones de tarjeta postal.

A la derecha del camino y antes de entrar en La Guingueta, duerme el fiero mall de Rotllan, la ferrada del valeroso paladín que cascó en la rota de Roncesvalles. La herrería de La Guingueta tuvo fama en muchas leguas a la redonda, tanta fama como el mesón que llegó a fundir su oficio con el nombre del caserío; quiere decirse —y explicarse— que a La Guingueta se le conoce, en la bulliciosa familia de los trajinantes catalanes, con el nombre, sin duda más preciso y señalador, de Mesón de la Guingueta. Guinguette, en francés, significa ventorrillo; hay un juego de naipes que se llama de igual forma, pero la baraja, en este trance y contra lo que suele suceder, poco aclara. Guingueta, en catalán, quiere decir barraca de feria y también pejiguera. Como topónimo bautiza, en lengua catalana, al pueblo de la Cerdaña francesa que dicen Bourg-Madame y que está pegado a la frontera española de Puigcerdá; a unas casas del término de San Julián de Sardañola, en la provincia de Barcelona, y según cabe suponer, el aireadillo lugar que ahora se camina. El viajero piensa que La Guingueta que se asoma al Noguera Pallaresa es nombre que no quiere decir ni barraca de feria ni, menos aún, pejiguera, y sí, en cambio, ventorrillo. El nombre de Mesón de la Guingueta sería, en este supuesto, no poco redundante, pero no por eso menos cierto y probable. El viajero ignora las etimologías francesa y catalana de la voz guinguette o guingueta, pero piensa que no han de ser muy dispares.

La Guingueta tuvo, en tiempos, justo renombre por su mesón y lo tiene ahora por sus fondas, que esperan a los automovilistas formadas, en fila india, a lo largo de la carretera. Los árboles de La Guingueta son corpulentos, amables y generosos. Sus aguas, claras y frescas, caen en cien chorros que incitan a su uso externo y moderado. Las truchas que sus aguas guardan son de muy sabio y antiguo paladar. El paisaje es abierto y feliz, bien dibujado y coloreado, y el aire que se respira es ligero y limpio y trae un saludable aroma tranquilizador y montaraz. No obstante, lo más famoso de La Guingueta (e incluso de toda la historia de La Guingueta) es el fondista Pepet Pic Pujals, conocido poseso. El señor Pic Pujals no se llama ni Pic, ni Pujals, ni siquiera Pepet. El viajero, sin embargo, le llama con ese nombre inventado porque no quiere hacerle propaganda.

El señor Pic Pujals es alto y escurrido y magro como una espingarda mora. El señor Pic Pujals luce una nariz agresiva, una nariz que llama mucho e irremediablemente la atención.

—¡Qué! ¿Le da risa?

—Pues, hombre, ¡qué quiere que le diga!, más bien sí.

El señor Pic Pujals mira como un faquir o como un hipnotizador no demasiado eficaz, y viste camisa a rayas con sus iniciales — P.P.P. — bordadas con mucho ringorrango, y pantalones de color marrón sujetos por unos tirantes rígidos y de brillo, que parecen almidonados. El señor Pic Pujals, que anda como un camello o como un avestruz, es el amo de la fonda Pic, que luce, solitaria como un bastión heroico y caprichoso, a la entrada del pueblo, a mano derecha. El señor Pic Pujals es también un dialéctico conformista, un hombre que prefiere hablar a tener razón. Las mujeres de la fonda Pic han conseguido que el señor Pic Pujals no entre en el comedor más que en casos muy inevitables y extremos; con ello han logrado, probablemente, ahorrarse no pocos líos, ya que el señor Pic Pujals tiene la rara maña de complicar todo lo que toca. Lo que parece ser que las mujeres de la fonda Pic no alcanzaron fue la meta perfecta que hubiera prohibido al señor Pic Pujals entrar también en la cocina. Y bien se nota, por desgracia. El viajero es más bien refractario a los conceptos excesivamente rigurosos y piensa que es difícil poder decir de algo, que ese algo sea lo peor del mundo en su clase, condición y estilo. No obstante, el viajero entiende que no es arriesgado afirmar que la fonda de La Guingueta es la peor hospedería, si no del mundo, sí, al menos, del occidente europeo. El señor Pic Pujals, a fuerza de aplicación al despropósito, así lo puede pregonar orgullosamente y a los cuatro puntos cardinales.

El viajero, al llegar a la fonda del señor Pic Pujals, pide una cerveza; se la sirve, más bien templada, una mocita de tímidos e inmensos ojos soñadores que el viajero, en aquel trance sediento, hubiera cambiado gustoso por una cerveza en condiciones. El señor Pic Pujals, sentado en una mecedora y con un pañuelo puesto sobre la cabeza, habla en francés con una señora francesa que lee la revista Plaisirs de France y que ni lo mira siquiera. El señor Pic Pujals habla un francés sintético, un francés que no tiene sino cinco o seis expresiones y tres o cuatro locuciones: oui; madame; monsieur; alors; samedi; merde; bonjour; c'est emmerdant; c'est enquiquinant; cette putain de truite... Lo demás lo marca el señor Pic Pujals con la entonación, la intención y la elipsis.

El viajero, al llegar la hora de la comida y al ver, con alarma, lo que le ponían delante, pidió una botellita de vino tinto de la Rioja, pensando en que quizá pudiera asistirle en el duro trance. El vino se lo sirvieron helado y el viajero, en su ingenuidad, rogó que se lo calentaran un poco. Al cuarto de hora, la mocita de los hondos ojos poéticos volvió con el vino hirviendo como un plato de sopas de ajo. El viajero no pudo evitar su ira.

—¡Dile a ese imbécil que venga!

La chica pronunció un «sí, señor» angélico y espantado y fue a llamar al señor Pic Pujals.

En la mesa de al lado, una señora pechugoncilla y amorosamente cursi intentaba convencer a un niño flaquito para que comiera algo más de pollo; la criatura, reacia a la degustación del cartón piedra, se defendía a gritos.

Según cuentan las crónicas, al señor Pic Pujals lo persiguió una mañana su señora, se conoce que harta ya de padecerlo, el brazo armado del rollo de amasar empanadillas, como en los chistes del TBO, y la fiereza pintándosele en la cara y en las arrugas de la frente. El señor Pic Pujals, cuando se hizo una clarita en la tunda, dirigió la palabra al respetable:

—Señoras y señores: por motín conyugal, hoy no se sirven comidas.

El señor Pic Pujals es un estoico practicante y, en cierto sentido, un objeto surrealista. Cuando el viajero, vencido por el ayuno y las emociones, intentó echarse la siesta, rogó al señor Pic Pujals que lo dejara dormir y que no le interrumpiera el sueño aunque cayeran chuzos de punta. Efectivamente, al cuarto de hora escaso de haber cerrado los ojos el viajero, retumbaron sobre la puerta de su cuarto unos porrazos despiadados y horrísonos.

—¡Abra, que es muy urgente!

El viajero, que tiene doce hijos, que a veces se descalabran o se parten un brazo o una pierna, pensó en las malas noticias que trae el telégrafo, se levantó y abrió. El señor Pic Pujals, con la sonrisa bailándole en los ojos, una colilla de puro en los labios y un destornillador en la mano, habló con una voz melosa y casi conspicua:

—Vengo a arreglar el timbre. Hace lo menos quince días que ando diciéndome: Pep, a ver cuándo arreglas el timbre del 11, que no suena...

El viajero, salvo una vez que estuvo en la cárcel, no se sintió en su vida más derrotado y huérfano y desvalido; tampoco más en la misma linde del asesinato.

—¡Salga de aquí!

El viajero tenía seca la garganta, ardorosas las sienes, opaca la voz. El viajero, probablemente, también tenía el mirar fríamente homicida. El señor Pic Pujals dejó caer el destornillador y la colilla de puro y salió huyendo escaleras abajo. En su carrera, el señor Pic Pujals derribó a la señora del niño flaquito que subía, maternal, resignada y con su inapetente retoño de la mano, a dormir la siesta. ¡Qué vana esperanza!

A eso de las cinco de la tarde, el viajero, harto del señor Pic Pujals y sus extrañas costumbres, se fue a dar una vueltecita por La Guingueta. Es la fiesta mayor del pueblo y la gente baila sobre el asfalto de la carretera, apartándose al paso de los autobuses y las motos. Sobre una tarima más bien canija, cuatro músicos con pinta de cesantes soplan la solfa desafinadamente y sin excesivo entusiasmo; lo más probable es que les paguen cuatro perras.

—Así no hay manera de trabajar, ¿verdad, usted?

—Eso es lo que uno dice: para cuatro perras que pagan, no merece la pena echar las tripas soplando.

El viajero no es hombre de buen oído ni tampoco muy aficionado a las misteriosas y delicadas artes de la música. Sin embargo, el viajero observa —aun desde su ignorancia— que los músicos de La Guingueta tienen un desmedido apego al compás de tres por cuatro: a los valses, y a las sambas con ritmo de vals, y los boleros con ritmo de vals, y los tangos con ritmo de vals, y los pasodobles con ritmo de vals, etc. Lo que mejor tocan son el pasodoble Islas Canarias y aquel otro (el viajero no recuerda el título) cuya letra asegura que la española, cuando besa, es que besa de verdad, porque a ninguna le interesa besar por frivolidad. Las parejas que arrastran los pies al patriótico son del pasodoble son cinco, contadas una a una. Sobre un montón de grava, media docena de niños se revuelcan y se sacuden coces con tristeza: sin esa sana alegría que las criaturitas suelen aplicar al pateo del prójimo. En la fiesta mayor de La Guingueta no hay ni un tiro al blanco, ni un pimpampún, ni una tómbola, ni una sola barraca de nada; tampoco hay puestos de vino o de confites, ni sartén de churros, ni ristras de dulces rosquillas. La fiesta mayor de La Guingueta es una fiesta de aburridos cuáqueros, de abstemios sosegados y contemplativos, una fiesta a palo seco y sin alicientes; se conoce que en La Guingueta toda la capacidad de insensatez se la llevó el fondista señor Pic Pujals. Apoyados sobre la pared de una casa, no más de veinte espectadores se aburren en silencio mientras en la frondosa arboleda del río mil pájaros despiden, jolgoriosamente, al sol.

El viajero, con las últimas luces de la tarde, se mete por el empinado camino de Jou, en su alcor silencioso, mientras la perdiz se achanta, como un conejo, bajo los matorrales del barranco. Más allá de Jou y antes de Son del Pino hubo un pueblo, Sant Quirze de Rosè, al que barrió la peste. Al pasar por las bordas de Jou, poco antes de llegar al pueblo de Jou, el viajero, vuelto hacia La Guingueta, bebió un trago de vino de su bota, un trago largo y solemne como las dilatadas pláticas de los enamorados, en recuerdo del señor Pic Pujals y sus destornilladas tendencias. A lo lejos, sobre el tejado de la fonda Pic, volaba el revoltoso trasgo coleccionista de las insensateces, las tunanterías y los sobresaltos.

En can Agustí, con las golondrinas rebullendo en el alero, se comé con honestidad y se duerme arropado de sosegada cordura. A veces, el cuerdo pulso de la sangre llega a parecer mentira: una mentira piadosa e inteligentísima.

A la mañana siguiente, el viajero vuelve sobre sus pasos y cruza La Guingueta de puntillas para no despertar al peligroso señor Pic Pujals.

El valle de Aneu no nace en La Guingueta, sino antes, en Escaló y su paraíso de chopos y abedules; en La Guingueta empieza a abrirse como una flor, igual que la amistosa palma de la mano tendida. El valle y la sartén de Aneu no son la misma cosa; aquél engloba a ésta, que es un poco su cogollo, su corazón. La sartén de Aneu, cuyo mango pudiera estar en La Guingueta, es una palma de media legua de diámetro a la que cruza la carretera, en línea recta, y el Noguera Pallaresa, a su lado y con los bordes comidos por las desembocaduras de los riatillos que vienen de Jou y de Son del Pino, de Unarre y del caserío de Lladorre.

El valle de Aneu es muy grande, tiene más de ocho leguas de profundidad; por el norte tropieza con Francia; al este lo cierran los montes de la Mitjana y de Campirme, en sus solitarias lagunas heladoras, y por el oeste llega hasta los valles de Arán y de Bohí.

El valle de Aneu es tierra pródiga en yerbas de herbolario: la fárfara amarilla o uña de caballo, que sirve para ablandar la tos; la hedionda valeriana o nardo de monte, que es buena para nerviosos y demás débiles; la mejorana estomacal; la dedalera que mantiene el corazón; la cicuta que relaja los músculos y las conciencias; la artemisia o yerba de San Juan, condimento, medicina y amuleto que tanto vale para sazonar el ganso como para descansar los pies, frenar la epilepsia o atraer la buena suerte en los juegos de naipes; la dulcámara o yerba mora de los reumáticos y los granujientos; la centaura febrífuga; la parietaria a la que algunos dicen caracobera; el orégano tónico; la belladona que calma los dolores, etc.

El viajero, en vez de tirar por la carretera adelante, salta el río por encima del puente del pantano y se mete, monte arriba, por el camino de Escalarre, a veces carretero, a trechos de herradura, y siempre rústico, gracioso y montañés. En las aguas negras y quietas salta la trucha sin alegría, y en la cola del embalse —como barcazas varadas en la arena— se ven las islas de árboles que las aguas no se pudieron tragar. La rana croa con delicadeza, mientras sobre las zarzas y la pintada rosita del escaramujo silba su melodioso cantar la descarada calandria blanquecina y de color de hierro oxidado. En el horizonte (y aun antes del horizonte) se ven algunos picos nevados, de un blanco purísimo y casi azul.

Escalarre está pasado el pla de Salito, a menos de media falda del monte San Roque, y rodeado de praderas cercadas con tanta solemnidad como reciedumbre. Entrando en Escalarre, a la izquierda del camino según se viene, se alza la parroquia del pueblo, San Martín, una iglesuca románica, minúscula, tierna, en la que el cura se dispone a decir la misa en soledad. Sobre el campo llueve con mansedumbre, incluso con elegancia. Pegado con papel de goma en la puerta de la iglesia hay un letrero escrito con muy fina caligrafía y dividido en tres apartados que se titulan así: Cosas necesarias para la iglesia, Otras cosas también necesarias, y Otras cosas no tan necesarias. En cada uno de los tres epígrafes dichos caben tres diferentes conceptos, a saber: empizarrar el ábside, techar la iglesia y poner bancos suficientes, en el primero; compra de un yugo para que la campana pueda voltear, refundición de la campana hendida y arreglo del campanario en el segundo, y un San Sebastián (a juego con San José), un Santo Cristo grande para llevar en la procesión y un túmulo y ropa de iglesia, en el tercero. Una niña rubita guarda una vaca ubérrima y cenicienta; la mariposa revuela, pintada y torpe, la hedionda y sangrienta flor de la amapola, y el señuelo de perdiz chilla, desde su jaula de cañas, con muy escasa y venenosa ilusión. A las ánimas del purgatorio, a veces, las lleva el viento por las orillas de los ríos, o por el monte arriba, o por el bosquecillo de avellanos, de un lado para otro; es muy misterioso y atemorizador escuchar el ruido que hacen, con sus sayas de niebla sobre el campo de centeno y la húmeda y verde y resbaladiza yerba de los prados.

No son todavía las siete de la mañana y el viajero, por eso de que al empezar el día conviene echarse algo caliente por los abismos del cuerpo abajo, pregunta dónde puede almorzar de lo que le den y sin mayores exigencias.

—Vaya a cal Coix; mosén Dot, el cura de San Martín, come siempre en cal Coix.

A la fonda de Escalarre le dicen cal Coix, casa del cojo.

—Allí podrá encontrar buena comida; en cal Coix guisan muy bien y con fundamento.

La patrona de cal Coix está escarmentada y no se fía de forasteros ni pasantes; se conoce que por Escalarre cruzó la traidora y antipatriótica taifa de los inspectores, sembrando el dolor en las familias y la confusión administrativa en el país.

—¿Puede ponerme unos tacos de jamón?

—No, señor, el único cerdo que tenía se me murió de peste.

—¡Vaya por Dios! ¿Y un par de huevos fritos?

—No, señor, ¡bien lo siento! Las gallinas se me murieron también todas; se conoce que les pegó la peste.

—¡Vaya! ¿Y conejo? ¿Puede prepararme un conejito? Nada me importaría esperar un poco, no tengo prisa.

La patrona de cal Coix compuso un gesto de muy hondo y eficaz dramatismo.

—¡Huy, conejo! La peste que anda suelta por estos montes no dejó ni un solo conejo vivo...

Al viajero empezaron a cantarle las tripas de impaciencia.

—¡También es mala suerte! ¿Y un par de tomates, con aceite y sal?

—No, señor.

—¿Y café?

—No, señor.

—¿Y leche?

—No, señor.

—¿Y anís?

—No, señor.

El viajero levantó la voz.

—¿Y aguarrás, a ver si reviento?

—No, señor.

El viajero, antes de despedirse, prefirió puntualizar un último extremo.

—Bien, señora; no se preocupe, que ya encontraré algo en algún lado: los gallegos aguantamos con mucha paciencia el hambre y otras desviaciones de la naturaleza. Lo único que me gustaría aclararle es que, gracias a Dios, no soy de la fiscalía de tasas. Por lo demás, sin novedad. Usted siga bien.

Escalarre es caserío ruin, aldea de no más de quince casas, tampoco sólidas ni aireadas, que guardan medio centenar de habitantes, quizá sesenta. El cura vive en una habitación modesta, amueblada con muy austero empaque campesino. En un rincón, el cura ha dejado el paraguas abierto, para que escurra el agua; se ve que mosén Dot no es murciano ni andaluz. Dot es nombre muy típicamente pallarés; San Dot, obispo de la Seo de Urgel, fue hijo de los condes de Pallars. Mosén Dot vende literatura religiosa: los gozos de la Virgen, en un catalán rústico y pastoril, y un folleto sobre el santuario de Santa María de Aneu, en un castellano grandilocuente, barroco y aprendido.

El santuario está por debajo del pueblo, a cien pasos del Noguera Pallaresa y antes de saltar otra vez a su orilla de estribor, por la que marcha la carretera. El santuario viene, según dicen, del siglo VIII, mientras andaba el moro Muza por Cataluña y moría en Roncesvalles el mancebo Roldán. Por estos olvidados confines son frecuentes las piedras milenarias; se pierden muchas y se malbaratan no pocas, pero siempre quedan otras tantas. Santa María de Aneu tuvo tres naves y tiene todavía tres ábsides; al lado de las arquitecturas que se llevaron por delante el tiempo y las circunstancias (el egoísmo, la incuria, la avaricia, la estupidez) españolas, el santuario de la Virgen de Aneu es una vieja reliquia privilegiada.

El camino de Escalarre a Esterri es amplio y umbrío y de grato andar; el viajero, sin embargo, piensa que mejor y más gallardamente hubiera podido andarse con algo de lastre en la vacía panza; los pataches arosanos suelen navegar más marineros y a gusto cuando no enseñan la línea de flotación. En el camino de Escalarre a Esterri se hace cierto el paradójico despropósito de poner puertas al campo; en el camino de Escalarre a Esterri los prados lucen tras unas puertas feudales, medievales, robustas, unas puertas que da gusto verlas.

—A las vacas hay que guardarlas como princesas, las vacas tienen algo de princesas gordas y antiguas y leales, ¿no cree usted?

En el camino de Esterri trabajan los murcianos en la polvorienta y aparatosa remoción de tierras de una presa; las máquinas le pegan tales y tan fieras dentelladas a la corteza del planeta, que el viajero llega a imaginarse que, a poco más que ahondasen, acabarían por hundir el valle en las voraces llamas de Belcebú. Unos murcianos son de Cartagena y de Mazarrón; otros de Huércal-Overa y de Almería, otros de Málaga y de Motril, otros de Jaén y Linares, otros de Huelva. Los murcianos de Murcia no llegan, probablemente, a la tercera parte; por aquí llaman murcianos a los peones de la construcción, en el mismo sentido traslaticio que el que usan los sevillanos al llamar gallego al mozo de cordel o montañés al tabernero.

Unas niñas francesas, arregladitas y monas, pasean pastoreadas por una institutriz muy puesta en su papel, mientras un murciano en camiseta empuja una carretilla acompañándose por cartageneras:

Del cante cartagenero
son los más firmes puntales,
la Peñaranda, el Chilares,
el rojo el Alpargatero
y Enrique, el de los Vidales.

Encaramado en una hormigonera trepidante, otro murciano renegrido se consuela cantando por mineras, que es cante amargo y social:

> Madrugar y trasnochar,
> subir y bajar la cuesta
> y ganar poco jornal;
> eso a mí no me trae cuenta
> y a las minas no voy más.

¡Ay, si el conde Hugo Roger, cabeza de la Generalitat y soldado en desgracia ante las armas del Gran Capitán, se levantara del sepulcro!

Esterri es el centro comercial del valle de Aneu y un pueblo de aire muy curioso y ciudadano. En Esterri se ven tiendas muy aparentes y bien provistas, curas jóvenes y de buen color con la sotana nueva, y señoritas vestidas a la moda y con el peinado de peluquería; en seguida se ve que en Esterri hay prosperidad: el dinero no se puede tener escondido.

El viajero al llegar a Esterri lo primero que hace es meterse de cabeza en un café y ponerse como el Quico de magdalenas; traía hambre, y el hambre —según es bien sabido— es mala consejera.

—¿Viene usted de muy lejos?

—No; de muy lejos, no. Vengo de La Guingueta, dando la vuelta por Escalarre. ¿Por qué me lo pregunta?

La dueña del café (parecía la dueña del café; a lo mejor no lo era) bajó la vista y guardó un clemente silencio.

> No te metas en dibu-
> ni en saber vidas aje-
> que en lo que no va ni vie-
> pasar de largo es cordu-

La dueña del café (quizás, aunque lo parecía, no lo fuera) gastaba muy buenas carnes, respetuosamente sujetas por el caucholín. El viajero, con el estómago ya más templado y en orden, se acercó hasta el río, a ver nadar los patos. El Noguera Pallaresa cruza por entre las casas de Esterri, lamiendo sus cimientos, lavándoles la mugre de la faz, sirviéndoles de espejo para que mejor y con más aplomo acierten a peinar sus cenicientos tejados de pizarra.

—¿Se llama usted Jesusito?

—No, señora, no me llamo Jesusito; tampoco soy de Castellón de la Plana, le ruego que me disculpe.

Esterri es pueblo de llanura, trampolín de las altas montañas y zaguán de las sombrías artigas aranesas. Esterri, como Llavorsí, aunque sin fiera traza, se alza en un dédalo de aguas y de caminos. El viajero entró en Esterri por el sur, por el camino que viene de Escalarre. Frente a Santa María de Aneu, más o menos, de este camino sale otro, a mano derecha, que lleva a Unarre, en su vaguadilla, y a Gabás o a Servi, según se tire por la una o la otra ribera de las aguas que caen desde la sierra Mitjana y los ibones del Ventolao y de la Coma del Forn. Paralelos al camino de Escalarre marchan el río, la carretera general y el sendero que lleva a Jou, frente a La Guingueta, o que trae de Jou, a la sombra del pico Vellendo.

Hacia el norte sale de Esterri el más leal camino del Noguera Pallaresa: el que nace donde el río nace, en el pla de Beret, y no se aparta de su orilla hasta que el río, allá por las mansas llanuras de Balaguer, se ahoga en el Segre. Isabarre, por este camino, es el primer pueblo que aparece, discreto como la paloma. Isabarre está a una legua de Esterri y en terreno agobiado por los montes. Biel Perucho, el mozancón que cazó tres lobos a palos, era de Isabarre y tenía la pelambrera colorada, revuelta y reluciente; a Biel Perucho lo mató una bicicleta un mal día que se le ocurrió bajar a la ciudad a comprarse una chaqueta color café para los domingos. Borén, a media legua de Isabarre, queda a la sombra del monte que dicen Cap de la Cornanta, y en Isil, más hacia la raya francesa del pic de Mountagnol y rodeado de bosques, se abre el paisaje entre las montañas azules y verdiprietas de la sierra de Pilás. Isil es un minúsculo lugarejo de dos docenas de habitantes; Isil es la capital del ayuntamiento al que pertenecen Arreu, en el barranco que baja del pico del Rosario, y Alós de Isil, un caserío disfrazado de árbol, quizá para que nadie lo vea.

Desde Alós a Montgarri, el pueblo más alto de Cataluña, el camino y el río pintan una curva airosa de tres leguas de romántico y solitario trazo; hacia la mitad de la andadura y pegadas a Francia se ven las bordas de Alós, en las que tintinea el cantarín esquilón del ganado. Montgarri, entre el Pallars y el valle de Arán, es un pueblo abandonado y trágicamente bello. Los hombres y las mujeres de Montgarri, hartos de soledad, clavaron las puertas de sus casas y se fueron, por el mundo abajo, Dios sabrá en busca de qué. El viajero escucha, con cauteloso dolor, que el año pasado (1955) no quedaba en Montgarri más que una sola familia resistiendo, contra viento y marea, el inclemente azote de la historia, esa circunstancia que se ensaña con los menos culpables. En la Muela, la muela de Montgarri hace ya muchos años que no muele sino polvo de olvido y negras briznas de amargor. Dicen que un toro desmandado, allá a principios del siglo XII, fue el milagroso y casual motivo del santo hallazgo de la Virgen de Montgarri, patrona del Ariège, del alto valle de Aneu y del alto Arán. La torre del santuario de Montgarri —que se levanta donde apareciera la Virgen— se mira, como una pastora, en las claras aguas que acaban de nacer.

La Peira Roja es una piedra roja y gris y verdecida que señala los latidos del campo. Y los hitos de la Mare y la Filla marcan, zurrados por la ventisca, la hondura de la nieve en el corazón del campo. El Noguera Pallaresa, el de las aguas mediterráneas, y el Garona, el de las aguas atlánticas, nacen en el pla de Beret, a la sombra del Clat d'Aragó y muy cerca uno del otro; los geógrafos dicen que el Garona de verdad es el que viene de los lagos de Saburedo, por el valle de Ruda. Quizá sea más cierto, pero el viajero prefiere quedarse con la vieja idea poética y tradicional de que el Garona brota en los Güells de la Garona, al lado de la escondida fuente del Noguera Pallaresa. Por el pla de Beret galopan las alegres yeguadas en libertad.

El viajero, después de callejear por Esterri, se metió en la fonda Agustí, a reponer fuerzas y a refrescar el gaznate con unos traguitos de vino. El viajero pide perdón por la manera de señalar, pero declara que lo más meritorio y artístico que encontró en Esterri fue el retrete de la fonda Agustí, propiedad del señor Taugís. Este retrete, tan solemne e imprevisto que algunos hasta le llaman guáter, en castellano, o báter, en catalán, está en lo alto de una difícil cucaña desde la que se domina, con el ojo ciego, buena parte de mundo. Los emperadores romanos jamás se ciscaron desde tal altura sobre los contribuyentes y el paisaje.

De Esterri hacia el oeste salen aún dos rumbos: el que lleva, subiendo una legua de monte, a Son del Pino, el de las cien fuentes, y el que sigue la contramarcha del río Bonaigua para dejar a los andarines y los automovilistas (con permiso de la nieve) en el valle de Arán. El viajero se mete por la cuesta arriba del segundo camino, con el sol en las doce y las altas nubes adornando —y escoltando— al sol.

A las puertas aún de Esterri se le pegó al viajero un perrillo sin amo, un mil leches sentimental, peludo y pícaro, que probablemente tuvo un bisabuelo setter y distinguido. Está demostrado por la experiencia que los perros eligen a sus amigos con cierto buen criterio. El perro es especie comensal del hombre (como el gato es su huésped distante) y, como tal especie, hubiera desaparecido hace ya tiempo de haberle fallado ese instinto de la amistad; si el perro no llega a saber elegir su arrimo con sabiduría, a estas alturas, probablemente, se hubiera convertido ya en un vago recuerdo histórico. El viajero es buen amigo de los perros y los perros, en correspondencia y justo pago, son buenos amigos de él. El chucho de Esterri se presentó ante el viajero meneando la cola, en señal de paz, y lamiéndole la mano, en muestra de acatamiento y respeto; el viajero, para demostrarle que compartía su gozo, le metió una mano en la boca y le dio un par de palmadas en el pecho. El can de Esterri y el viajero se hicieron amigos desde el primer momento y pactaron, sin mayores solemnidades, andar el mundo juntos hasta el final o hasta que cualquiera de los dos se hartara de caminar en compañía o se quedara, como una flor que se troncha, tumbado y muerto en la cuneta.

Al viajero le hubiera gustado saber el nombre de su nuevo amigo; como no pudo averiguarlo, procedió por tanteo y le llamó de varias formas diferentes —Garibaldi, Paco, Gorrión...— sin éxito. Cuando al cabo de probar y probar, le dijo Llir, que es la forma antigua y poética del catalán lliri, lirio, el gozquecillo rompió a pegar tales y tan desaforados saltos, que el viajero entendió bien a las claras que si no se llamaba así, sí así quería llamarse para siempre.

Al salir de Esterri, a mano derecha del camino, se ve un gran edificio abandonado, sombrío y triste, en cuya fachada aún se leen las palabras de la caridad: Refugi Morelló. Per a vells pobres de la Vall d'Aneu. El perro Llir cruzó con muy respetuosa compostura ante los muros que, viejos y pobres, ya no guarecían a la vejez y a la pobreza del contorno. Un grupo de casas de madera —azules, verdes, amarillas, rojas— sirven de habitación a los empleados de una central eléctrica y a sus familias. Las casas son prefabricadas y más bien algo ridículas y de mal gusto; en cuanto les pase un par de años por encima ya no estarán de moda y sí, en cambio, prematuramente viejas y destartaladas. Desde cualquier revuelta del camino se ve el entero y verdadero valle de Aneu, mismo a la mano: con La Guingueta, al fondo, y Esterri, a los pies, y el río alumbrándole el espinazo.

Valencia de Aneu es pueblo que aparece tras unos escarpados atajos, en un paisaje guerrero y montaraz muy diferente al manso escenario de Esterri. Valencia se llama como se llama, quizás en recuerdo de la condesa Valencia, mujer del conde Ramón VI, tumultuario caballero que en el siglo XI sacudió estopa a la villa de Tremp. Cuatrocientos años más tarde y en el castillo de Valencia de Aneu, la condesa Catalina Albert, mientras su marido, Hugo Roger III, el último conde de Pallars, se batía por tierras de Sicilia, aguantó con buen estilo militar el sitio de las fuerzas de Juan II, padre de quien, andando el tiempo, llegaría a ser Fernando el Católico. Las fuerzas aragonesas conminaron a la dama a rendirse, amenazándole con la lenta muerte del hambre y la sed, pero la condesa, en un alarde de poética flamenquería, respondió enviándoles un emisario portador de una honda fuente de plata en la que nadaban dos truchas; el castillo comunicaba subterránea y secretamente con el río y a la condesa le fue fácil el gesto que pareciera imposible.

Valencia de Aneu es caserío áspero y violento, fiero e hirsuto como la garduña. En Valencia de Aneu, hasta la iglesia tiene un aire bélico y feudal. Según es tradición, en Valencia de Aneu se criaron bien las brujas durante la Edad Media y aun más tarde. En las Ordinacions del valle fechadas en Valencia de Aneu en 1424, se castiga con la muerte en la hoguera (y el previo arrastre del reo atado a la cola de un caballo al galope) a todo hombre o mujer que rinda homenaje y pleitesía al macho cabrío, tomándolo por señor y renegando del nombre de Dios. La patrona de la fonda Cortina luce a juego con el carácter y los mágicos usos de Valencia de Aneu. La patrona de la fonda Cortina es una mujer inhóspita y tiránica, déspota y estrábica, todo en esdrújulos (también es bigotuda), que mira al cliente como a su natural y exterminable enemigo.

El viajero, con su mejor y más humilde sonrisa bailándole en los ojillos temerosos, preguntó, con un hilo de respetuosa voz, si podía comer algo, aunque fuera poco. La patrona de la fonda Cortina respondió, sin mirarle y sin dejar de planchar, con una sola palabra:

—¡Cordero!

Y el hombre que quería comer, aprovechó la ocasión para suplicar unas gotas de clemencia.

—¡Caramba, cordero! ¡Qué suerte la mía, con lo que a mí me gusta el cordero! ¡Vaya, vaya!

La patrona de la fonda Cortina lo miró de arriba abajo, inquisitorialmente y diríase que con un desprecio infinito, y el viajero, con el ombligo encogido, musitó:

—Es que así le doy el hueso a mi perrito, ¿sabe usted?

En el comedor de la fonda Cortina irrumpen, como un chorro saludable o una violenta y benéfica brisa juvenil, cinco mocitas ciudadanas y vestidas de colores alegres, que van de excursión: Merche, la blanca; Trini, la seria y casi misteriosa; Fina, la blonda; Montse, la trigueña, y María, la de la blusa azul con lunares blancos y unas graciosas alhorzas en las mangas. El viajero, al verlas, se sintió vivir y defendido.

A la salida de Valencia, el río Bonaigua corre, saltando piedras, camino del Noguera Pallaresa. Hacia el frente y hacia la izquierda negrea la Mata de Valencia, el bosque de abetos más tupido y majestuoso de toda España, y a la derecha, en su camino, se agazapan las casas de Sorpe, el último pueblo pallarés, también entre árboles corpulentos. Antes y a la mano contraria sube, pegando brincos, otro sendero que lleva a Son del Pino. El puerto de la Bonaigua es un repecho duro y largo, pero no difícil de caminar. El puerto de la Bonaigua sube pintando eses por el monte, que se ha quedado calvo de repente. Al pie del puerto una familia de gitanos mira, con más resignación que diligencia, para el eje partido en dos de su carromato pintado de verde; Llir, el perro del viajero, enseña los dientes a la mona calva.

A menos de media ladera, en el hotel Los Abetos, se ven coches con matrícula francesa y tres o cuatro autobuses de peregrinos españoles que van a Lourdes. Más arriba, en el refugio de la Mare de Déu de les Ares, el viajero se descabalga la mochila y rinde etapa. El agua que viene del estany Gerbei cae en una airosa cola de caballo a la que dicen cascada de la

Bonaigua, y enfrente, en los prados de la pelada y pina ladera, pacen las mansas y orondas y lustrosas vacas cenicientas. Frente al refugio se ven aún los restos de la derruida ermita, con el monte Tres Puis al fondo. Una recua de diez o doce mulas gobernadas por dos hombres ágiles y un perro listo, marcha por una senda inverosímil, llevando a lomos el cemento para la obra del muro que ha de defender el tendido de alta tensión de los fieros y rugidores aludes del invierno.

En el refugio, mientras esperan la cena, unos mozos juegan a las cartas en aranés, que es lengua eufónica y antigua. El refugio está de bote en bote y al viajero le toca dormir en el pajar, con su perrillo al lado y un estruendoso chófer de camión roncando, acompasado e incansable en la oscuridad.

EL VALLE DE ARÁN

En aranés se dice: Garouna per Aran, braman; Noguera per Luz, tut duz. Jacinto Verdaguer, tras preguntarse si será azar o providencia que Garouna sea anagrama de Noguera (más bien es metátesis), traduce el refrán diciendo: Garona per Aran, tot rondinant; Noguera per Alós, tot joguinós. El tut duz aranés que el poeta vierte al catalán como tot joguinós (muy juguetón), quizá quiere decir, más adecuadamente, muy dulce. El viajero sabe que el verso tiene sus servidumbres de sílabas y rima, y que Verdaguer no es culpable de que el pueblecito que dicen Luz sea Alós, en su lengua; de haber dejado el verso en tot dolç, el poeta, amén de no forzar el concepto, hubiera mantenido la consonancia, sí pero no la correcta silabación (correcta para su ortodoxo oído).

MÁS ALLÁ DE LOS PIRINEOS

Faltaba aún mucho para ser la del alba cuando el viajero, harto ya de los audaces ronquidos, los destemplados bramidos y los fieros mugidos de su compañero de pajar (el bienaventurado chófer de camión que, apoyado en la tranquilidad de su conciencia, dormía a pierna suelta y como un cachorro), asomó la gaita al gris fresquito de la negra noche y, un pie tras otro, volvió a su sosegado andar de siempre (y que Dios haga que tarde todavía algún tiempo en oxidarse, amén). El perro Llir, con mucha compostura, se estiró y se le puso a la zaga, como un monago obediente.

En los libros de geografía del bachillerato se lee que España limita al norte con los Pirineos, que la separan de Francia; ésta es una verdad incompleta, una verdad coja y a medias, porque el valle de Arán, que es España, está situado al norte de los Pirineos, en la vertiente francesa. Antes de abrirse el túnel de Viella (se perforó el 23 de enero de 1941 y se inauguró oficialmente el 22 de mayo de 1948) el valle de Arán quedaba incomunicado con el resto del país durante varios meses al año, de noviembre a marzo, por lo menos.

También suele entenderse que el catalán es lengua que se habla —además de en las islas Baleares, el principado de Andorra, parte del reino de Valencia y de la linde de Aragón, el departamento francés de los Pirineos Orientales y la ciudad de Alguer, en Cerdeña— en el completo ámbito del principado de Cataluña; tampoco esto es así del todo, ya que el valle de

Arán es tierra leridana y lo que hablan los araneses, sin embargo, no es catalán, sino un dialecto gascón apoyado en muy viejos cimientos ibéricos. La gente suele opinar a ojo y generalizando y, claro es, se equivoca. En el valle de Arán, amén del aranés, se habla gascón, francés, catalán y castellano, quizá por este orden (que no deja de ser natural y sensato). Al lado de la peseta española circula el franco francés, que va por libre.

Arán es voz euskera, que significa valle y también endrino, ciruelo silvestre. En el siglo XII se cita arándalo como el nombre romance de la adelfa; arándalo o arándano es voz que puede derivar, con cierta lógica, de arándaro (y ésta de lorandrum, orandaru, alteración del latín rhododendron, adelfa); el arándano o mirtillo, al que los araneses llaman najú, nada tiene que ver con la adelfa, aunque sí con el rododendro alpino, que se parece a la adelfa, por un lado, y por el otro al endrino, un arbusto que puede tomarse por el arándano (sus bayas también son comestibles y algo mayores). La confusión es disculpable y fácil de explicar: el arándano se asemeja al rododendro alpino y éste a la adelfa y al arán de los vascos (el endrino de los castellanos), con lo que el círculo se cierra incluso con sentido común. Sea lo que fuere, al viajero le agrada acariciar la idea de que el valle de Arán en vez de quedarse en huera redundancia, quiera decir valle del endrino. Llamarle, con mayúsculas, Valle del Ciruelo Silvestre, sería casi hablar en japonés. En las laderas aranesas que no cubre el bosque, crecen el rododendro alpino y el arándano, y se enseña, tímido y solitario, el endrino; la adelfa no es adorno que convenga a esta latitud.

El viajero, absorto en tamañas y tan poéticas sabidurías, perdió a un amigo entre las sombras de la noche, al artillero don Felipe, patrón de mucho respeto y fundamento, y se pegó un susto de pronóstico, un susto que le dejó sin habla y que le despegó la camisa del cuerpo, igual que la ingrata cáscara se va de la cebolla. El chucho Llir, entre el frío que hacía y el miedo que le contagiaron, temblaba como una vara verde: las orejas gachas, los ojillos apagados y suplicantes, el rabo entre piernas a ras del hueso palomo, y el espinazo en **arco** y con los osecicos a flor de la espantada piel.

Desde el refugio de la Mare de Déu de les Ares hasta la cuerda del monte hay una legua que sube haciendo eses y bandeándose en las secas bordadas que fingen curvas tan airosas, pródigas y elegantes como la estela de un patache en la mar. De curva a curva y para ganar terreno, que no tiempo ni esfuerzo, los caminantes durante años y más años fueron trazando sendas a fuerza de pisar el duro lomo de la clemente y dura tierra eterna: veredillas de difícil andadura, congostras que se escurren bajo los pies, alcorces por los que ataja el huidor lagarto. El viajero y su can, por el camino difícil y corto, perdieron a don Felipe (o se perdieron de don Felipe), que subía, sin mayores fatigas, por la carretera. La noche estaba negra como la memoria de los estranguladores de niñas de diez o doce años, y las voces del viajero clamando por el amigo rebotaban, igual que huérfanos ayes que nadie escucha, de barranca en barranca, de nube a nube y de atribulada voluntad a sordo e impasible decorado.

—¡Don Felipeee…!

El viajero, ronco de vocear, esperó al día con el corazón encogido y en un puño.

—¡Don Felipeee…!

Cuando la luz empezó a pintar de delicados clarores el oriente de la mata de Valencia y de la hoya de Esterri, el viajero, con el mirar bien abierto por el deber, que no por la curiosidad que le atemorizaba, ojeó una por una todas las cárcavas, zanjas y quebradas del pelado monte desierto.

—¡Don Felipeee…!

El viajero, al llegar al puerto de la Bonaigua sin haberse topado con el rastro de don Felipe, pensó que —puesto que no se lo había tragado la tierra— lo más probable es que hubiera salido volando por los aires, raptado por las brujas de Valencia. Aquel día amaneció luminoso y esperanzador y el viajero, que es mortal más bien inclinado a ver el lado bueno de las cosas, se imaginó que el amigo perdido, no obstante su terco silencio, acabaría apareciendo tan de milagro como se había ido.

—¡Don Felipeee...!

En el puerto de la Bonaigua no hay sino muy tenues rastros de vida vegetal; en el puerto de la Bonaigua no canta el pájaro, ni silba el grillo, ni revuela la mosca. Entre el refugio de la Mare de Déu de les Ares y el puerto de la Bonaigua queda (Dios sabrá dónde, que el viajero no dio con su chorro de hielo) la fuente que dicen Matamoixons, en cuyas frías aguas hallan la fría muerte los pajaritos que se atreven a beberlas. En el puerto de la Bonaigua hay una cruz de hierro, de nueva planta y sin mayor mérito ni encanto; durante los años treinta, quizá con la guerra civil, quizás algo antes, debió perderse la gran cruz de hierro (grande de cuarenta pies de altura) en cuya filigrana se leía: Juan Van Halen 1841. Este Van Halen fue el oficial aventurero, general bajo tres banderas, que biografió Pío Baroja, quien, en 1932, supone que aún existía la cruz. En el puerto de la Bonaigua también hay un chalet de la compañía que dicen Productora de Fuerzas Motrices, de arquitectura más bien innoble y ridícula, y un letrero puesto por obras públicas en el que, quizás en esperanto, se lee Bonagua, nombre que, desde luego, no está escrito ni en castellano (que sería Buenagua) ni en catalán (que es Bonaigua). Al viajero siempre le han dado grima estos topónimos híbridos que, a veces, los aficionados siembran al tresbolillo sobre la vieja corteza del país. En Galicia es Puenteareas el raro nombre que se lleva la palma del despropósito; la faena la redondean los veraneantes madrileños al decir Puenteáreas. El nombre lógico sería Ponteareas, y el colonial, Puentearenas; Puenteareas quizá sea también esperanto (a lo mejor es volapuk*).

---

* N. del A. — A raíz de la publicación de este pasaje en el *ABC*, un esperantista nervioso me dirigió una casi amable carta explicándome

118

—¡Don Felipeee...!

A los gritos del viajero, probablemente más descompasados de lo preciso, salió del chalet un sargento vestido de fantasma, con pasamontañas coronado de gorro cuartelero, bufanda de tres abrazos, manta encima del capote y pantuflas de orillo, que también tenía propensión a gritar.

—¿Qué grita usted?

—Nada, señor sargento; grito por don Felipe, que lo he perdido. ¿Ha visto usted a don Felipe?

El sargento puso cara de pantera sonámbula.

—¡Largo de aquí! En este puesto no hay ningún don Felipe, ¿se entera?

El viajero, tras enterarse de lo que sabía, se largó —según el mandato— por la cuesta abajo del valle de Arán. Es verano y, por fortuna, la nieve no asoma sino en las altas y lejanas crestas del horizonte. Don Pascual Madoz, el hombre que no quiso ser conde de Tremp, nos dejó una romántica descripción de las calamidades del invierno por esta dura latitud. «Hallándose en el año 1835, en aquel país, de gobernador y juez de primera instancia del valle —nos dice don Pascual de sí mismo—, tuvo precisión de doblar el puerto para una operación militar de importancia. ...instáronle vivamente sus amigos para que no pasara el puerto de noche...* ...salimos a las 5 de Tredós con varios paisanos que sirvieran de guía y auxiliaran la marcha de los caballos; la mayor parte de aquéllos huyeron en la misma ribera de Tredós... ...la

_____

que Bonaigua y Ponteareas se dice, en la útil lengua internacional del doctor Zamenhof, bonakvo y sablaponto, al respective, y no Bonagua y Puenteareas como, en mi desconocimiento, imaginaba. Le agradezco sus precisiones.

* N. de Madoz. — En el país se tiene por muy arriesgado, y lo es ciertamente, pasar el puerto en invierno, después de las dos de la tarde, y todos prefieren salir de los puntos habitados antes de amanecer: primero, porque la nieve está más firme; segundo, porque son raras las tempestades por la mañana; es, pues, un adagio en lenguaje de aquella comarca, al port i al molí, de matí (al puerto y al molino, de mañana).

columna siguió su marcha, y a las 10 de la noche perdió el rumbo; el frío era extraordinario, la nieve abundantísima...

...los hombres menos valerosos temían próxima la muerte; la risa, señal del próximo fallecimiento, asomaba a los labios de los menos robustos; un teniente del país se vio ya perdido, cuando el autor de esta obra* mandó que dos tambores le pegasen grandes golpes con las correas de la caja... ...en aquel estado de inexplicable agonía, el camino se encontró; al recibir la noticia el que estas líneas escribe... ...¡Nos hemos salvado! —gritó con voz esforzada—. ¡Columna! ¡Viva la libertad! ¡Viva Isabel II!»

El viajero piensa que esta página no la hubieran mejorado ni Chateaubriand ni Victor Hugo.

El viajero, que en circunstancias normales tiene más bien voz de bajo, llamó a su amigo con una voz de tiple ligera de la que ahora se avergüenza.

—¡Don Felipeee...!

Un hombre con cara de guarda jurado, de individuo del somatén o de secretario local de la Unión Patriótica (vamos, quiere decirse un señor muy pulido y circunspecto, aunque algo blanquito y administrativo) interrumpió al viajero.

—¿A quién busca usted?

—A don Felipe: un amigo que se me perdió, aún de noche.

El hombre con aires de gobiernista movió las orejas (rara habilidad que el viajero siempre admiró de todo corazón).

—¿Es un señor más bien bajo, como de sesenta años, con boina, y cayado, y un jersey color café?

El viajero abrió un resquicio a la esperanza.

—Sí.

Y el hombre al que el monte no restara palidez, sonrió casi beatífico.

—Pasó hace unos diez minutos por el camino abajo, sil-

---

* Diccionario geográfico-estadístico-histórico de España y sus posesiones de ultramar. El párrafo que se copia, en tomo II, págs. 410-411.

bando y pegando palos a los guardacantones de la carretera.

A occidente quedan el pico de la Cendrosa y el tuc Salana; los pallareses de Son del Pino, montañeros de inclinaciones imperialistas, piensan que:

> Mentre lo món sia món,
> la Cendrosa serà de Son.

Lejos y a la misma mano enseñan sus cabezas de nieve los montes Malditos, ya en Huesca y en término de Benasque: el Aneto y los picos de Enmedio, las Tormentas, la Maladeta y el Mulieres, todos por encima de los tres mil metros. A levante —y sirviendo de linde con el Alto Pallars, el que ve fluir al más mozo Noguera Pallaresa— se alzan, menos solemnes y sobrecogedores, la punta Comial (o Comiol, ¡vayan a saber!) y los picos de la Lanza, del Rosario y de Marimaña.

En el valle de Arán entra el viajero por la alfajía del Garona de Ruda, que viene de los siete lagos de Saburedo, a la sombra de los picos que dicen Ratera y Colomés. En una revuelta del sendero, aculado sobre el mojón del kilómetro 170 y silbando, con más recio fuelle que obediente oído, la jaranera marcha de La banda de trompetas, don Felipe, con un gesto de beatífica paz pintándosele en el semblante, se entretiene en cortarse las uñas a punta y filo de navaja.

—¡Creí que no llegaba usted!

Al viajero, ante tan grata presencia, se le olvidó el ejemplar discursete que había venido preparando por el camino. A veces, cuando uno se ha ido ya haciendo a la idea de la desgracia, desorienta el no verla confirmada; el hombre es bestia de muy raros hábitos, animal que suele preferir la aburrida costumbre a la imprevista clemencia.

—Llevo esperándole más de media hora, ¿dónde diablos se metió usted?

El viajero no se atrevió a mirar de frente a don Felipe.

—Es que me entretuve hablando con un sargento que resultó medio primo mío...

—¡Ah!

Quien sí encajó el reencuentro de don Felipe con alegre naturalidad fue el perro Llir, que pegó tales y tan desaforados y desusados saltos que acabó con la lengua fuera y la respiración jadeante y atosigada; como los perros no sudan, al cansancio no pueden estrangularlo más que abriendo la boca. (El viajero se cree en el deber de precisar que él también se alegró de darse con don Felipe sano y salvo, aunque su alegría, por humana, discurriera por cauces menos naturales que la generosa alegría de perro y sin reservas del tierno Llir.)

Don Felipe estaba dicharachero y casi elegíaco.

—¡Libró por tablas, don Camilo! ¡Le juro a usted que se escapó por los pelos!

—¿Quién?

—¡Un conejo, don Camilo, grande y reluciente como un gato! ¡Qué hermosura de animalito! Lo sentí rebullir entre las matas y lo espanté a voces; cuando cruzó el camino le tiré la garrota, que le pasó rozando. ¡Qué susto debió pegarse! ¡No le faltó el canto de un duro para que lo dejase seco! En fin..., ¡mala suerte! ¡Otra vez será! ¿Verdad usted?

—Eso; otra vez será.

El valle, tan de mañana, tiene una hondura mansa y neblinosa y honesta, que al mediodía se hará diáfana y brilladora y madura como una cereza repentinamente en sazón. La culebrilla del Garona de Ruda, flanqueada de hayas vergonzantemente solemnes, engorda, poco a poco, con los chorros que caen de la montaña saltando por encima de las peñas igual que ágiles chivos impacientes y elásticos. Los abetos vuelven a presentarse menos tupidos, y los prados verdean su soledad. El ranúnculo de sangre venenosa ya quedó atrás, en el páramo de la Bonaigua, y el poético pie de león o flor de nieve, al que los tiroleses llaman edelweiss, ni siquiera aparece; las plantas tienen costumbres muy raras e inexplicables: el valle de Ordesa, en el macizo del monte Perdido, está plagado de la flor insignia de los montañeros, que no existe (o el viajero no la encontró) en el valle de Arán. Frente a la borda del Ticolet, en la que duermen su tibio y medio venenoso sueño las ovejas, se despliega la guerrilla de chopos adolescentes a la que finge apoyar la segunda línea de los fresnos sensatos y precavidos. Al chopo, en aranés, le dicen vivó.

—¿Y al fresno?

—Eso no lo sé; me olvidé de apuntarlo. Al fresno, los araneses lo cuidan mucho y lo podan todos los años; con las hojas secas del fresno alimentan a las cabras cuando el invierno aprieta y no permite ni asomar los morros a la ventisca.

En las praderas que enmarcan la borda del Ticolet se pintan, entre la verde yerba, la anémona violeta y blanca, la azul campánula, la genciana de color de oro y el níveo y aromático narciso. Y sobre las más viejas y acariciadas rocas, trepa, con sus rositas blancas y montaraces, la indiferencia casquivana y silvestre del té de monte. Un motorista enfundado de cuero hasta las orejas (quizá fuera el demonio) le echó encima su estúpida y ruidosa máquina al perro Llir; a poco más lo atropella. El viajero le dijo de todo y sin lugar a dudas, pero el motorista, puede que con la disculpa del ruido, disimuló.

—¡De buena libraste, Llir! Si te descuidas, no lo cuentas...

El duro repecho de las curvas está surcado de atajos inseguros y casi a pico, por los que ruedan las piedras al pisar. Don Felipe y el viajero, sujetándose del cinto, los bajan con toda precaución; a trechos la pendiente arrecia y entonces los dos amigos se dejan resbalar en cuclillas, como los muchachos de los pueblos cuando juegan a patinar por los desmontes de la carretera, las costezuelas del río y los desgalgaderos de la vía del tren. Llir, se conoce que porque era liviano, bajó como si tal cosa e incluso con cierta despreocupada y golfa chulería.

El río Malo viene de los lagos del Rosario y de Bacibé, y es como un Guadianilla que a veces se divierte escondiéndose bajo la tierra; en el paraje que dicen los Arcos, el agua pasa bajo los tres arcos naturales y casi triunfales que se entretuvo en perforar en la roca, a fuerza de tiempo y de paciencia. El río Malo cae al Garona de Ruda por su margen derecha, después de colarse bajo el camino, como disimulando.

—¿Verdad, usted, que sería más bonito que el Garona naciese en el pla de Beret, en la fuente que todo el mundo llama el Güell de la Garona, a dos pasos del manantial del Noguera Pallaresa, que no en el dédalo de los lagos de Saburedo?

—¡Hombre, sí, como más bonito sí que sería!

—Y más poético también, ¿verdad, usted?

—Pues, sí...

El valle de Arán vierte sus aguas al Atlántico, por Burdeos. Montgarri queda fuera del valle de Arán, más allá de los montes que lo limitan por esa linde: los picos de Marimaña y Bacibé, el Peirescals, el Parrous, el Montolíu, el pico del Home... Cuando en Montgarri había gente, esta gente no hablaba catalán, sino aranés. La difusión de las lenguas es fenómeno que se salta, con frecuencia, las barreras naturales; el viajero piensa que, a lo mejor, hay otras barreras, aún más naturales, que el hombre desconoce o no acierta a expresar, y que son las que limitan y encauzan la misteriosa marea de las lenguas. Todo pudiera ser.

El Garona de Ruda corre a la izquierda del viajero que baja por el camino, desde que nace (o casi desde que nace) hasta que se funde —esposo o esposa, ¿qué más da?— con el Garona de Beret. El viajero, en su cuaderno de apuntes, tiene una nota que dice: a las puertas de Salardú, frente a la pensión Garona (propietario, José Abadía), el Garona de Ruda recibe al Garona de verdad, el de Beret, que es mucho más pequeño. Ahora, al escribir estas cuartillas y consultar mapas e itinerarios (la verdad es que tampoco coinciden demasiado), el viajero duda de lo que entonces escribió. El Garona de Beret y el Garona de Ruda lo más probable es que se topen por encima de Tredós, a poco andar de la confluencia del río Malo. Esto de la geografía es ciencia muy confusa, algo de lo que la gente habla sin haber estado en los sitios.

Por el aire y pegando un brinco insensato y la mar de bien medido, cruzó una ardilla, de árbol a árbol y como un fantasma triscador y alegre. Y por el suelo, pian pianito y sin mayores apuros, cruzó el apareado casal de la agrisada y asustadiza perdiz que en el invierno es blanca y que los araneses llaman carrascla (a la perdiz gris le dicen xerra). La carrascla pasa el invierno entre la nieve, alimentándose, según lo más probable, de milagro. Los cazadores no se lo explican, pero es así.

TREDÓS, EL ZAGUANILLO DEL VALLE DE ARÁN, Y SALARDÚ

(CONTIENE ALGUNAS EXCURSIONES ENTRETENIDAS)

En las bordas del Llobató, o del lobezno, cerradas a cal y canto como un escarmentado corazón, silba el recoleto y mínimo pajarito del monte su silbo solitario y melodioso. Las bordas del Llobató son dos, las dos de piedra y con el tejado de pizarra y muy pino, para que la nieve escurra con soltura. Por detrás de las bordas del Llobató, el agua corre por un regatillo de cauce de tierra y muretes de mampuesto, muy aseado y curioso, en el que el viajero, para despegar de sus carnes el mucho polvo que se le había ido pegando por el camino, se chapuza casi con entusiasmo.

—¿Está fría?

—Pues, sí; más bien sí.

Arán es un país de campesinos que no viven en el campo, sino en el pueblo, apoyándose y acompañándose los unos a los otros. En Arán no hay masías, como en Cataluña, o casas de labor, sino bordas que duermen y languidecen medio año o más de medio año deshabitadas; lo más probable es que la dureza del clima no permita la bucólica bendición de Dios del aislamiento, y fuerce —a contrapelo de la ley natural— a la vida en común, escuchando la radio y tirando al naipe por recurso. El viajero, secándose al solecico clemente de la altura, piensa que las bordas del Llobató serían un refugio ideal para apartarse del mundo (y de sus pompas y vanidades) con el caritativo apoyo de un caballo, dos mujeres, tres perros, cuatro garrafas de aguardiente, cinco libros y media docena de manías. El perro Llir puso los ojitos tristes cuando escuchó suspirar al viajero.

Tredós es el primer pueblo del valle de Arán, viniendo por donde se viene: el zaguanillo del valle de Arán, acicaladamente contenido como una moza campesina con la cara lavada. A Tredós se llega bajando el pedregoso recuesto que sale frente a la parroquia de Santa María de Cap d'Aran, un viejo monasterio templario (dicen que del siglo XII) levantado en el lugar en que, según la tradición, se apareció la Virgen.

Tomando por este camino que separa la iglesia de Cap d'Aran de la piña de casas de Tredós, pero en sentido contrario al que trae el viajero, puede llegarse, por un lado, al Güell de la Garona, en el pla de Beret, y a la roca Blanca, más allá del pic de Marimaña y de la pica de Bonabé, y por el otro, al lago Bacibé y al pico de la Lanza. Los aficionados a patearse el monte, se encuentran en el valle de Arán como en el paraíso. A la media hora de marcha* y después de haber saltado dos veces sobre las curvas de la carretera del puerto, el camino se bifurca: el brazo de la izquierda sube al pla de Beret; el de la derecha, que empieza bajando con suavidad, lleva al lago Bacibé por la orilla del río Malo. Ni el viajero ni su amigo Llir son demasiado partidarios de disputar al oso del monte sus riscos y su soledad y, por estas cortadas que ahora se describen, ni se metieron —¡lagarto, lagarto!— ni aun asomaron el hocico: que buenas

---

* *El viajero en las trochas de monte (propias o ajenas) suele medir las distancias con el reloj, que no con el metro, por parecerle más sensato sistema de información; no tiene ni pies ni cabeza comparar una legua de manso caminillo pradeño, de fácil y hasta deleitosa andadura, con una legua de incómodo paso por el canchal o de escalada, casi a pico, del cejo que se resiste.*

fueran para deportistas, que no para hombres cabales ni chuchos, aunque ruines, a juego.

A la hora siguiente, por el camino que se dice —el que, a la izquierda, va más o menos hacia el norte—, y siempre cuesta arriba, se llega al puerto de Beret, con paisaje sobre mucho Arán; al fondo de los vallecicos del Garona de Ruda y del Aiguamoix, la vista alcanza hasta los rosarios de lagos de Saburedo y de Colomers. A occidente, como es de sentido común, quedan la Maladeta y el Aneto, igual que dos gigantes guardiaciviles del casi todopoderoso diablo. El pla de Beret es un rectángulo de yerba de mil pasos de ancho por una legua de sosegado y fresco andar, de largo; en el pla de Beret, de la Virgen de julio a la Virgen de agosto, se junta hasta medio centenar de miles de cabezas de ganado vacuno y caballar. En este pla de Beret mana el atlántico Güell de la Garona y, a pocos pasos, la mediterránea fuente del Noguera Pallaresa.

Hora y media más adelante se puede llegar, si se quiere, al santuario y al olvidado pueblo de Montgarri; por la cuesta del bosquecillo de Dossal (más o menos hacia el sur) se alcanzan, a la otra hora y media, las bordas de Marimaña, de las que salen dos nuevos caminos: el de la derecha lleva al portillón —y el de la izquierda a los lagos— de Marimaña. El lago inferior está a la sombra de los picos de Bacibé y de Marimaña: por el coll de Marimaña se puede pasar a los lagos del Rosario.

Dos horas y media después (y el viajero advierte que no se cuentan descansos, ni meriendas, ni extasiadas contemplaciones) se corona el pico de Marimaña, no difícil tomándolo por el sur, rodeado de lagos: los de Marimaña, al norte; los de Airoto, a levante, y los del Rosario, a poniente. La pica de Bonabé, tras haber subido y bajado el pico oriental de Marimaña, está a hora y media y, otra hora más allá, aparece la blanca mole de la roca Blanca, a cuyos pies brota el riatillo Cireres, afluente del Noguera Pallaresa. Y aquí termina esta excursión, más larga que gimnástica, de la que se vuelve por donde se quiere:

por ejemplo, por Bonabé, por encima de las Bordas de Alós, adonde puede llegarse por la barranca del Cireres.

Si en vez de subir por el camino que, a la media hora de Tredós, quedaba a la izquierda, se baja por la mansa costanilla de la derecha, se cruza, casi inmediatamente, el Garona de Beret, frente a unas bordas que pueden servir de orientadora referencia. Al cuarto de hora, o muy poco más, se llega al puerto del Malo, con el pico de Bacibé sirviéndole de telón de fondo. El río Malo es corriente saltarina y montaraz, agua que parece como si tuviera alma de cabra. Por su margen derecha se llega al desaparecido Forat del Bo, del que hoy no queda sino un pedregoso ribazo; las aguas se lo comieron y, entre las piedras aún ayer bóveda y hoy ruina, brota el agua delicada y sutil. El río se esconde durante diez minutos y vuelve a aflorar en los Tres Arcos, detrás de los que aparece la pradera en la que se encuentran los dos chorros del río. Al monte se sube caminando con agua a las dos bandas; a media ladera se ve ya el agresivo pico de la Lanza, que en realidad son dos y los dos iguales. El lago de Bacibé queda a media hora de los Tres Arcos y está enclavado en un paraje yermo y de muy fúnebre solemnidad. El lago de Bacibé tiene la forma de una gran habichuela tumbada sobre el río y, a lo que dicen, está plagadito de truchas.

Siguiendo el eje largo del ibón queda la horqueta de Areu, por la que se sale al valle de Isil, y doblando, después de las dos lagunillas que aparecen hacia el sur, se llega por sus pasos al pico de Lanza. El lago Bacibé se bordea por la orilla derecha (sus aguas marchan, igual que las de los ríos); en la peña del Diablo, que cierra el camino con aire más bien siniestro, el excursionista ha de sentirse topo y pasar por el agujero que la bucea; por ahora no se ha hundido, aunque no deben perderse las esperanzas de que así suceda algún día. Después del segundo estanque, como se dijo, se dobla al sur, y a la hora de marcha se arriba al collado que muere en el canchal donde comienza la escalada, que es dura (aunque no a pico) y que hay que tomarla tal como viene: en línea recta. Desde el pico de la Lanza no se

ve París, ni tampoco el estrecho de Gibraltar, pero el paisaje
hasta donde la vista llega no debe andarles muy lejos, por un
lado y por otro.

El viajero pide perdón por estas dos giras que no tuvieron
lugar sino en su cabeza y, según su norma, vuelve al hilo del
cuento de todo el mundo que caminó. (El viajero dijo más de una
vez —y aquí lo repite para lección de todos— que entiende el
vagabundaje como un estado del espíritu y no, de cierto, como un
deporte. Sin embargo, y para guía y mejor servicio de curiosos,
en estas páginas piensa poner, cuando se tercie, noticia de las
más ortodoxas excursiones.)

Las campanas de Cap d'Aran, mientras el viajero se asoma
a los últimos flecos de Tredós, doblan a muerto con muy singular monotonía, con muy lenta y dolorosa desgana. El hondo
bronce de las campanas de pueblo, en los países húmedos
(Irlanda, el valle de Arán, Galicia, Normandía), resuena en
los oídos del corazón del viajero con un amoroso y fantasmal
remordimiento (casi tan dulce como el veneno misterioso,
cegador y atónito que vivifica a los más serenos avaros, a los
más tibios y poéticos y cautelosos infanticidas). Las campanas
de Tredós, doblando a muerto, traen a la memoria del viajero
el prolongado son de las campanas de Bastabales, allá por
la remota latitud donde naciera hace cuarenta años largos,
apesadumbrados (o jolgoriosos) y solemnes (o saltarines
como el chiflar de la gaita).

—¿En qué piensa usted?

—En nada, en los muertos...

Por el camino arriba sube el cortejo fúnebre del último
aranés muerto, mientras el mirlo, igual que un violinista
ciego y amargo, silba su vieja polca entre la verde y neutra
y rumorosa hojarasca del nogal. Un monago crecido lleva
la cruz, abriendo calle; el viajero, mientras se arrodilla, sujeta
al perro Llir de los ijares para mayor compostura. Detrás

marchan los hombres, en fila india, de luto riguroso; van serios y con la vista baja y circunspecta; ninguno fuma y casi ninguno mira, ni de reojo siquiera, para el viajero. El cura camina, agobiado y sudando, bajo los lujosos y antiguos paramentos sacerdotales: el alba de lino almidonado, el amito de lienzo, el cíngulo de dos borlas, la estola de damasco, la capa pluvial hasta los pies y recamada en oro, el bonete de cuatro picos (y por debajo la camisa de payés, y el pantalón y los tirantes). Como el difunto era hombre de posibles, la cabecera del duelo la ostenta un cura que va muy en su papel, con énfasis de mucho empaque y miramiento. En el valle de Arán, los entierros los suele presidir una persona ajena a la familia (con frecuencia un técnico en dar cristiana sepultura al prójimo, que recibe unas monedas a cambio de su caridad); si el difunto es difunta, la presidencia recae en una viuda (se conoce que por eso de la práctica). Los padres no entierran más que a los hijos niños; si el hijo muerto es ya hombre o mujer, los padres se quedan en casa, rezando y atendiendo a las visitas. Detrás del cadáver van las mujeres, formadas de dos en dos y vestidas de negro de la cabeza a los pies: con tocas y velos negros, trajes negros, zapatos negros, guantes negros solemnemente tristes y brillantes. Las pluraires lloran, de encargo, en alabanza y homenaje al difunto; algunas lloran bastante bien y con fundamento; otras, en cambio, van medio distraídas. En el Ampurdán, a las plañideras les dicen ploraneres, y en el Alto Pallars, en Isil y en Alós de Isil, marmanyeres. Esta es una costumbre que, como tantas otras, se va perdiendo poco a poco.

El Aiguamoix, que viene del estany Cloto y de las lagunas Gargulles, cae al Garona entre las casas de Tredós, por debajo del puente de la Capela. Al pie del puente, en la vieja capilla que lo nombra, se reza a San Esteban, el patrón del pueblo. Una niña de seis u ocho años juega con un gozque revoltoso y lanudo que mira a Llir con recelo; se conoce que lo adivina nuevo en la plaza y quiere percatarse de las intenciones. Llir, meneando el rabito, le brinda paz y concordia.

El viajero habla a la niña en catalán y la niña, casi avergonzadamente, le responde en castellano.

—¿No eres de aquí?

—No, señor.

—¿De dónde eres?

—De Ceuta; mi papá es de Jaén.

La niña, según le explica al viajero, se llama Remedios, Remedios Gálvez Martínez, para servir a Dios y a usted; su papá se llama Paco y es de Andújar, en la provincia de Jaén; su mamá se llama Remedios y es de Ceuta; la niña Remedios tiene tres hermanitos: Sacramento, de cinco años; Lola, de tres años, y Pacorro, de quince meses; Pacorro es muy hermoso y tiene mucha fuerza.

—¿Lo quieres mucho?

—Sí, señor, mucho.

Aún no es el mediodía y el viajero, antes de seguir su camino, pide agua en una casa de al lado del puente; una mujer joven y bien parecida se acerca al Garona con una botella que guardó anís en mejores tiempos, la llena de agua y se la brinda, casi con medieval y rendida cortesanía.

—¿Verdad que es buena?

—Sí, señora, la mar de buena.

El viajero, antes de tomar el rumbo de Salardú, deja escapar la vista por la honda artiga del Aiguamoix, por la que marchan, igual que dos largas serpentinas, el camino y el río. En el valle de Arán llaman artigas a los recoletos vallecicos laterales, subordinados y umbríos. El diccionario entiende que artiga vale por roza, tierra que se limpia de matas para disponer la sembradura. No es éste el significado que se le da en el valle de Arán, cuyas artigas en ningún caso se enseñan roturadas. El viajero se atreve a suponer, cautelosamente, que la artiga aranesa quizá pudiera ser prima hermana de la artegui (montaña con árboles) de los vascos; los entendidos en estas sabias materias andan como medio obcecados con el latín y no suelen buscar en el euskeldún la clave de muchas misteriosas palabras que, con el vascuence a la vista, no lo fueran tanto. El viajero —honesto contribuyente al que la vida le pegó prudencia como a otros pega el sarampión— sabe, sin embargo, que en estas cuestiones de las etimologías conviene andarse con pies de plomo porque, donde menos se piensa, da un salto mortal la enloquecida liebre del despropósito.

Por el camino de los Baños de Tredós, que discurre a babor de las aguas y más alto, se sube, según la mano que se tome, al tuc Salana o al tuc de la Cendrosa (al que algunos dicen pic Sandroux), del que los vecinos de Son, que lucen muy echados para adelante, están dispuestos a hacer una Numancia. Al Salana se va por el pisadillo que, antes de llegar a los Baños, trepa dejando a la derecha la mata de árboles que dicen coma d'En Montaner. A las dos horas y media de camino y aromados por el botón de oro de la margarita del árnica, los excursionistas se ponen en el collado y en los pastos del Pruedo, desde donde se puede subir al pico por donde se quiera, que por ningún lado es difícil; en llegar arriba no se tarda más de media hora. La vista es muy noble y dilatada, y esta observación —que no es ociosa desde ninguna cumbre aranesa— piensa ahorrarla el viajero, de ahora en adelante, a quien leyere.

Cruzando el Aiguamoix frente a los Baños (un poco antes) se sale, a eso de las dos horas de andar, al collado de la Cendrosa, en el estribo que baja desde el tuc Ratera, dejando a oriente el circo de Saburedo y a occidente el de Colomers, hasta el bosque de Purera; desde el collado se está ya al alcance del tuc de la Cendrosa, desde el que puede volverse a Tredós por la artiga del Garona de Ruda, a la vista de la carretera que baja del puerto de la Bonaigua, por la que el viajero se coló en el valle.

Al lago de San Mauricio se va también por la artiga del Aiguamoix, quizá por aquello de que por todas partes se llega a Roma (aunque algunos lunáticos, por fiarse de horóscopos

y otras alegrías, hayan terminado arribando a Constantinopla).
Al cuarto de hora de haber saltado el río por los Baños aparece
la cascadilla de Aɪgües Tortes, que no es el Aigües Tortes del va-
lle de Bohí, claro es, y a otro andar y tras haber vuelto a la orilla
izquierda del río, que hay que cruzar ahora sobre un lecho de
troncos, se llega al bosque y después al llano de la Muntanyeta,
con su bucólica choza de pastores. Por un recuesto de piedras
—otro cuarto de hora— se sale a la ciénaga de la Llosa, que
algunos, puede que por eso de la poesía, llaman lago. Sin cruzar
el chorro que baja del lago Mayor de Colomers, se va —si se
quiere ir— hasta su orilla en media hora escasa; y cruzándolo,
y siguiendo siempre por el labio izquierdo de las aguas, se puede
poner el caminante: al primer cuarto de hora, en el estany
Cloto, con su islita; al segundo, en los estanys Llarg y Rodó,
que están pegados el uno al otro; y al tercero, en el estany Ubago,
que parece la plantilla de una guitarra. Tomando el lago por
el sur se llega, a las dos horas, al puerto de la Ratera, desde el
que no es difícil alcanzar el monte del mismo nombre; desde
el puerto, y hacia levante, se da en el pico Saburedo, que domina
las constelaciones de lagos de Saburedo, de Gerbey y de la Ratera
y de San Mauricio, en el valle del río Escrita, al que el viajero ya
se asomó hace días. A las dos o tres horas del lago de la Ratera
puede coronarse el pico Basiero, que está ya fuera del valle de
Arán (cosa que quizá les pase también a varios de los que se
viene hablando).

Otras son las andanzas que estos andurriales admiten,
¡quién lo duda!, pero el viajero, con la lengua fuera tan sólo
de imaginárselo, prefiere descansar andando: que siempre es
más clemente y apiadador mover los pies que la sesera.

Salardú está muy próximo a Tredós, por el suave andar
de la cuesta abajo del senderillo del río. El viajero, a medio
camino de Salardú, se tumbó a oír la ronca voz del Garona,
que bajaba saltando y alborotador como un mono zangolo-

tino; después, cuando le dio el sueño, cerró los ojos y se durmió hasta que el perro Llir, aburrido de papar moscas y libélulas, lo despertó lamiéndole las orejas y la barba.

—¡Arriba, haragán! —le dijo el impaciente Llir con la mirada, que es la lengua que usan los perros cuando no riñen ni se asustan.

—¡Voy, hombre, voy! ¡Caray, con tanta diligencia!

Salardú es pueblo grandecito, con dos hoteles, tres fondas y una colonia veraniega que va catalanizando, poco a poco, la lengua del país; a estos efectos, los catalanes, en el valle de Arán, cumplen el mismo confundidor papel que los murcianos en el Principado. La colonia veraniega de Salardú también da la lata al prójimo con los transistores, esa provocación; en Inglaterra venden ahora unos aparatitos revientatransistores, económicos y de fácil manejo, que no dejan transistor sano en cien metros a la redonda o más; el viajero sueña con que algún día el inventor de los revientatransistores se haga rico, incluso aún más rico que el antisocial inventor de los transistores.

—¿Y por qué tiene usted ese odio africano a los transistores?

—Pues ya ve usted, quizá por instinto de conservación. A mí me espanta todo aquello que, apoyado en un mal momento, pueda ser causa de que termine con mis huesos en presidio. Esto del martirologio a la fuerza no va con mi manera de ser, ¡qué quiere!

Salardú es pueblo de graciosa traza y sosegado y edificante husmeo: caserío envuelto en praderas verdes y bucólicas y acurrucado —y, durante seis u ocho meses, entelerido— alrededor del campanario de San Andrés, la noble y bella parroquia que arrastra sus ochocientos años largos con muy altanera dignidad. La reja de San Andrés se forjó con las espadas y lanzas y otros hierros que abandonó el conde de Saint-Girons en el campo de batalla cuando prudentemente puso pies en polvorosa y, volviendo grupas al honor, salió de naja y como alma que lleva el diablo; el conde abandonó sobre el terreno múltiples trofeos que los franceses, en otro bandazo de la historia —el de las guerras del Imperio—, se llevaron para su país. El campanario, según los entendidos, es todavía joven: no tiene más que cinco siglos. En la iglesia de Salardú se reza a un Santo Cristo que apareció remontando las aguas del Garona a contracorriente, muy milagroso y de gran crédito y renombre en todo el valle; uno de los milagros más conocidos del Sant Crist de Salardú —explica la leyenda— fue el de librar de las iras de un oso loco y gigante a un viajero perdido en la nieve y que fue quien, en gratitud y justa correspondencia, mandó pagar la reja que fuera carne de hierro militar. En Salardú aún quedan otras antigüedades, restos de pasadas grandezas y fortificaciones; en el Portal de Pallars, a lo que dicen, todavía resuenan, de cuando en cuando, los bélicos y afónicos clarines tocando a botasilla (la verdad es que el viajero, por más que aguzó el oído, no llegó a oírlos). En el comunidor o casa dels Conjurs, frente a la parroquial, se guardaban los diezmos y se conjuraban las tormentas, el granizo y otras calamidades.

Desde Salardú (y aun antes de entrar en Salardú) se ve un buen trozo de valle, con Gessa enfrente, Artíes algo más abajo, y al fondo la Maladeta y el pico de Aneto, sombríos y soberbios y con las crestas nevadas. A las puertas de Salardú, el río Inyola cae al Garona por su margen derecha; a lo mejor, la nota del viajero sobre Salardú y los dos previos Garonas (de la que ya se habló y se dudó) se refiere al Garona hecho y derecho y a su afluente el Inyola. Este río Inyola, pedregoso y de rústica traza, viene, de norte a sur, desde el lago de Montolíu y el coll de Bagergue; el lago de Montolíu queda por debajo del tuc des Crabes o de los rebecos y del yermo Mauberme, con sus pizarras en cueros. La artiga del Inyola es árida y triste y sin mayor interés (ni para la carne ni para el espíritu). Bagergue es un pueblecillo de veinticinco a treinta casas, puesto entre montes y apartado de la carretera que sirve de espina dorsal al valle; salvo la moza Andrea Portolá, que es como Miss Europa, sólo que en decente, no tiene nada meritorio ni que llame la atención (quizá se salve la ermita de Santa Margarita, que es graciosa).

Es ya la hora de comer y el viajero, que lleva muchas horas y varias leguas pegadas al calcañar, se busca la vida donde piensa que podrá encontrarla. Al viajero, en estas sus pausadas correrías, jamás le falló el norte de su panza en estado de engullir el benéfico rancho capaz de devolverle las elasticidades y los afanes. Un ángel en forma de niña rubita y con cara de comadreja (mustela, le dicen los araneses, y también panquera) se le cruzó en su camino.

—Apocalíptica criatura, ¿dónde está la fonda?

La niña con aspecto de mamífero carnicero nocturno, de cabeza pequeñas y patas cortas, pegó un respingo y salió huyendo y escandalizando; el viajero —enemigo, de por sí, de los líos innecesarios y gratuitos— tiró en sentido contrario y, claro es, se encontró ante la fonda. En la fonda Barberá todo es bueno: los huevos fritos, el jamón, el vino, el pan, la dueña (que se llama la señora Antonia Vidal), los otros huevos fritos, el chorizo, el salchichón, las costillas de cerdo, la botella de vino de repuesto, más pan de las dos clases (para el mojen y para la masticación), el queso, las manzanas, el café (quizá no a tan digna altura), el coñac, el trato y hasta el teléfono que sonaba sin parar (el viajero averiguó, cuando se lo explicaron, que aquello era la central telefónica del pueblo).

—¿Podría lavarme un poco, señora, y dormir la siesta?

—Tendrá que ser en el anexo, caballero; el establecimiento está completo.

—Bueno, yo no tengo nada contra los anexos.

La habitación en la que el viajero prueba a descansar es una celda minúscula, con las paredes pintadas de azul purísima, cama canóniga cubierta con un edredón muy aparente, dos sillas y un aguamanil flaco y desgarbado como una araña;

ALGUNAS EXCURSIONES
DESDE
TREDÓS O SALARDÚ
(Todas las situaciones
son aproximadas)

• Pueblo o caserío
▲ Pico
☐ Puerto
╳ Puente

━━━ Carretera
••••• Camino o senda
Río
╳╳╳╳╳ Cadena de montes

0   1 km.   2 km.   2,5 Km.

=AVISO=
Este mapa lo dibujó el viajero,
como pudo; no se responde más
que de la buena voluntad.
MCMLVI

en la palangana flota un pelo largo, sedoso, de color caoba, que el viajero se lleva de recuerdo. El viajero, cuando está algo cansado y ha comido a gusto, suele ser más bien sentimental y romántico; tampoco se avergüenza de decirlo. Sobre la mochila y en un rincón del cuarto se acomodó el perro Llir, que era un perro con espíritu de gato pobre. Y sobre la cama y su lujoso edredón, el viajero se tumbó vestido y, visto y no visto, se quedó roque y como un tronco.

—¿Y hasta soñó usted?

—Pues, no; tenía tanto sueño que no pude permitirme filigranas ni arbitrios. A mí, eso de soñar no me pasa más que cuando no me sobra el sueño; me imagino que a todo el mundo le sucederá lo propio.

El viajero, a eso de la caída de la tarde, se dio una vueltecita por Salardú, mirando mozas indígenas y señoras de la colonia, jóvenes y bien parecidas y con un niño de la mano. Al viajero, las apuestas y pechugonas damas veraneantes y treintañeras siempre le llamaron mucho la atención (son muy misteriosas y cachondas y, a veces, muy incomprendidas y líricas).

Salardú es base de excursionistas y montañeros, centro de descubiertas por las generosas trochas de su contorno. Los itinerarios son conocidos y hasta cronometrables (según se intentó hacer ver en los que quedan dichos); las desviaciones que cada cual ponga de su cosecha corren a su cargo y, si las cosas vienen mal dadas, también a su riesgo y desesperanza. Tras beberse media docena de copejas por los establecimientos del pueblo (y tras haberse solazado como un viejo patriarca al que todavía pide pelea el cuerpo, en la contemplación —no discriminatoria— de campesinas, señoritas y chachas), el viajero se mercó un frasquito de tinta china a la perla y, después de cenar, se encerró en su cuarto y se pasó la noche, raya va, raya viene, pintando rayas en el mapa de las remotas excursiones.

HASTA VIELLA, LA CAPITAL DEL PAÍS

(TAMBIÉN SE EXPLICAN EXCURSIONES)

La mañana amaneció fresquita y románticamente neblinosa y el viajero, se conoce que fatigado a resultas de sus esfuerzos de cartógrafo, se quedó en la cama hasta las nueve; antes, a las siete y media u ocho, el viajero, para evitar que el perro Llir se le vaciase en cualquier rincón, le abrió la puerta y le predicó mesura y buen comportamiento.

—¡Y que Dios te libre de alejarte demasiado! Tú, a la calle, a hacer tus cosas sin meterte con los gatos, ni con los burros, ni con nadie, y vuelta a casa, ¿te enteras?

Se conoce que el viajero no se expresó con suficiente claridad, porque el perro Llir, a gusto por los mañaneros andurriales de Salardú, tardó cerca de dos horas en volver. Cuando asomó el hocico por la puerta, el viajero le ofreció el puntapié que no llegó a darle.

—¿Tú crees, chucho desgraciado, que estas mañas son propias de un perro decente y respetuoso? ¡Venga! ¡Túmbate ahí antes de que te pegue un punterazo, por golfo! ¿Habráse visto, qué descaro?

El perro Llir, como los héroes de las novelas rusas, bajó la vista, aguantó el chaparrón y se quedó dormido; lo más probable es que fuera medio epileptoide.

Unyá, encaramada en el hosco paisajillo de su altozano, queda por encima —y cerca— de Salardú; a la entrada de

141

Unyá hay una casa histórica, la de Brastete, adornada de fieros y recios torreones. La iglesia de Santa Eulalia es del siglo XII, como casi todas las piedras piadosas del país; el campanario es cuatrocientos años más joven. Las nubes bajas se pegan al terreno como fantasmas vestidos de harapos blancos y grises, y hacia el norte y recortándose, más o menos, sobre el cielo del tuc del Estanyon, vuela el pájaro bitango del solitario mozo misterioso y pastor. Hubo un tiempo —lejano ya y olvidado— en que el viajero se hubiera sentido feliz (muy poética e imprecisamente feliz) convirtiéndose, como tantas y tantas noches imaginara, en frágil cañuela mecida por el viento. Ahora, los años pasados ya y el seso menos elástico y soñador, el viajero se conforma con verlas hacer piruetas en el aire: como mejor no las hicieran los más enloquecidos y triscadores querubines.

—¿Le gusta seguir el revolar de la birlocha, compadre?

Gessa, en su oteruelo que se recuesta sobre el cerro del Curilla, queda a la mano de lanza del Garona, a la vista de la carretera; frente a Gessa cae al Garona el río que baja del cerro y que se llama con su mismo nombre. Los montes de Barimaña y Montorronúes adornan el solitario barranco en el que viven el zorro y el jabalí. En Gessa hay una ermita de San Martín de Gessa que se llamaba de San Martín de Tours antes de que a los vecinos les picase la avispa de la autarquía; en el Martirologio Romano del P. Valentín M. Sánchez Ruiz, S. J., se habla del San Martín de Tours, pero no del San Martín de Gessa; a lo mejor es un olvido. Hubo otra ermita, la vieja, en la que también, ¡cómo no!, se rezaba a San Martín, que fue barrida por un llovet, que es el nombre que dan los araneses al alud.

El ganado vacuno —barroso o ratonero, por la pinta— y el caballar —alazán bermejo, por la capa— pacen la tierna yerba del praderío al que adornan la flor silvestre y la mariposa de alas de flor. Sobre el camino, el lento escuadrón de los limacos agradecidos a la humedad, despliega su mansa y lenta y confiada guerrilla; el perro Llir los huele y, con un desprecio infinito, ni los pisa. A veces, el perro Llir se enseña muy caballeroso y clemente.

—¡Así me gusta, Llir! ¡A ver si enmiendas tu pifia de esta mañana!

A la derecha de la carretera, un cartel anuncia una dirección de muy extraño oído: Oûka-Tiunk; el viajero pensó que una leyenda en ruso no tenía demasiado sentido por aquellas trochas, y preguntando, que es como se aprenden las ciencias y las artes, hizo suya la rara sabiduría de que el nombre no era pariente —ni aun lejano— del valle de Arán y su vieja lengua, sino de las quebradas que vieron nacer a Tolstoi y al poeta Puchkin y su lengua no menos vetusta; las dos eufónicas y retumbantes palabras lucían aún —vestigios de pasadas grandezas— como los últimos restos mortales (y engañadores) del rodaje de la película La legión del silencio, cuyo escenario quedaba por las lejanas tierras de la lejana Rusia. En el cine, según ya es sabido, vale todo: incluso confundir. El viajero que, a pesar de tan varios pesares, no tiene nada contra el cine, siguió por el camino adelante: disimulando y como quien no quiere la cosa.

En Artíes termina el Alto Arán, el duro y abrupto Alto Arán, y nace el Arán Medio, más sosegado y ecuánime; menos aparatoso y sobrecogedor. El Bajo Arán, abierto, delicado y francés, comienza hacia Les Bordes, la llave de la frondosa artiga de Lin.

Artíes está poco más abajo del caminillo de Oûka-Tiunk (léase Gessa-Unyá), a la izquierda de la carretera y sobre el Garona y la desembocadura del Valartíes, río que baja del estany de Mar, a la sombra del orgulloso y elegante Montarto y del Biciberri Norte, y que muere en los prados de Arens, frente al pueblo. En los montes Sacauba y Llobatera crece el avellano y brinca la liebre. Las casas de Artíes están agrupadas en tres barrios: Garona, al norte del río, y Centro y Supueho, a un lado y al otro del Valartíes. En Artíes hay una fábrica de luz, muy aparente y moderna, a cuyas tapias un gabacho desconsiderado se apea los calzones, con toda frescura; la gente es como Dios la hizo y esto sí que tiene mal arreglo. Artíes es topónimo que significa llano entre dos aguas, en vasco; el nombre le cuadra bien al pueblo, que no es de los más pinos de la comarca y que, sin duda alguna, se ve entre las dos aguas que se dijeron. La ruina del valle de Artíes —o su riqueza, según como se mire— la trajo el agua, en su gimnástica abundancia; los ingenieros, en cuanto se percataron de la fuerza de las aguas de Artíes, rompieron el monte a barrenazos, lo llenaron de túneles y conducciones, y empezaron a fabricar luz, esa poética mercancía de tan prosaica y peligrosa gestación. Las aguas de Artíes, amén de para producir luz, también valen para bañar sarnosos, tiñosos y otros picosos; en los Baños de Artíes, al otro lado del Garona, las aguas sulfurosas manan muy medicinales y calientes. El viajero que, como gallego antiguo, padece de picazones dispersas, aprovechó para darse un remojón. Artíes, en tiempos se llamó Laspán, nombre que se llevó por delante el llovet que arrasó el caserío sin dejar piedra sobre piedra; el Artíes actual (de una actualidad anterior al románico) se alza alrededor del también desaparecido castillo de los templarios, sobre cuya capilla se levantó, en el siglo XII, la parroquia de Santa María; ahora le han puesto un reloj en el campanario. Viniendo de Gessa, el viajero se dio con otro templo, el de San Juan Bautista, gótico y del siglo XIII, lleno de sacos de cemento, de hiladas de ladrillos y de herramientas; al viajero le duele que los españoles, a veces, sean tan bárbaros e irrespetuosos con su propia historia, aquello que —por más vueltas que se dé a la cosa— jamás debiera terminar en almacén de materiales de construcción. La noble casa de los Portolá, en el barrio de Garona, es hoy posada de viajeros con ánimo de campeones de la Tabla Redonda, de viajeros a los que no desvela el recio torreón militar que los cobija. Un don Gaspar de Portolá, nieto o biznieto del patriarca que levantó el caserón que paró en fonda, fue el brazo armado de fray Junípero Serra en sus andanzas por California; a lo que cuentan, el paladín, que tenía heroico el temple no obstante la flojera de su intestino, aguantó a caballo una terca escurribanda que le hizo perder dos arrobas. Al otro lado del Valartíes, la casa Paulet escucha, desde sus góticos ventanales, el ronco trepidar de las excavadoras, las perforadoras y los tractores. La antigua ermita del Remedio es hoy borda para el ganado. Al viajero, Artíes es pueblo que le entristece. El viajero, de ser filósofo de la historia, quizás escribiera un libro de muy amargo título: Artíes, o la abdicación sin objeto. Pero el viajero —y tampoco se queja de su destino— no es más que un vagabundo con aficiones literarias.

—Perdona, Llir; no me gustaría parecerte solemne, pero ¿tú te percatas de que el hombre es el peor enemigo del hombre? Olvida esta necedad, Llir, este desahogo de sacristán con veleidades morales; un mal momento lo puede tener cualquiera.

Al fondo de la artiga del Valartíes se alza la airosa pirámide del Montarto de Arán, de muy bello y bien medido perfil. El Montarto no es pico difícil, aunque su escalada tampoco sea como para hacerla con zapatos de charol y, al lado, una señorita de faja, sombrilla y tacón alto. Por cuatro diferentes caminos, según los guías del país, puede intentarse: por el estany Seslloses, por el puerto de la Ribereta, por el puerto de Caldas o de Güellicresiada, y por el paso del Salto; en los tres primeros, la dirección del último tramo del viaje es, aproximadamente, de sur a norte; en el cuarto —el más directo, pero también el más duro—, es la contraria. El viajero, para no salirse de las más enjutas lindes de Arán (y también para no ser más pesado de lo necesario), no va a contar aquí sino el último de los itinerarios de la costumbre.

*A la hora de haber salido de Artíes por el camino del río
—y después de saltar las aguas sobre un puentecillo que pone
al caminante en la orilla de babor de la corriente—, el aficionado
a la montaña y otros esfuerzos llega al puente de la Reseca,
poco más arriba de la confluencia del Réncoles y el Valartíes.
Se cruza el puente y, dejando la borda de la Reseca a la izquierda, se sigue por el Valartíes hasta el primer cruce de senderos, que aparece al cuarto de hora; se toma el de la mano
izquierda, entre matas de avellanos, y se enfila la garganta tu-
pida de abetos de los dos brazos del Montarto; el vallecico de
Loserón, por donde fluye el Réncoles, queda aún más a levante.
Antes de media hora se llega al canchal de Aigües Fondes, un
cauce pedregoso y seco que conviene cruzar todo a lo largo.
Hora y media más tarde se alcanza el arranque de la angostura
que termina en la mesa de piedra que queda a la otra hora de
marcha; y brincando sobre la pared del pico de Salto —que
con su cuenta y razón se llamará como se llama— se sigue ya
hasta la cumbre sin desviaciones mayores.*

*Desde el puente de la Reseca se puede cruzar hasta el Hos-
pital de Viella, que antes se llamaba de Sant Nicolau dels Pon-
tells. Por el Pirineo de Lérida y Huesca se llaman hospitales
a los refugios montañeros que suelen haber en algunos puertos
difíciles. El Hospital de Viella pasó ya a la toponimia: por eso,
porque ascendió a la categoría de nombre propio, debe escribirse con mayúscula cuando se escribe. El de la Bonaigua,
en Lérida, y el de Benasque, en Huesca, todavía tienen que
conformarse con la hache minúscula. El diccionario no registra
esta acepción, no obstante su ilustre cuna (del latín hospitale,
habitación para el huésped). Desde el puente de la Reseca
—volviendo a lo que se decía— se llega, en una hora, al puente
de Rius o de la Restanca, cerca del cual —y al sur— se encuentran tres chorros de agua: el que viene del estany de Cap de
Port, por debajo del puerto de Güellicrestada, a levante; el que
fluye del estany de la Restanca, en medio y más o menos al sur,
y el que mana desde los lagos de Rius y el coll Bargadera, a*

poniente. El caminante, dando de lado a tan bucólicos parajes, ha de cruzar el puente para ponerse, a la media hora de andar a orillas del agua de la Restanca, en la cueva de Rius, donde, si hay suerte, puede encontrarse un pastor con el qué fumar un pitillo o conversar un rato. Al poco tiempo se cruza el fragüín y, a la hora, se llega al lago Grande de Rius, que es el mayor de todos los que puedan encontrarse por el Pirineo; se bordea, sin apartarse mucho de la orilla, y se sale al puerto de Rius en cosa de media hora. Por el barranco y el abetal de Conangles se llega, sin mayores esfuerzos, al refugio que se buscaba. (Al viajero le hubiera gustado pintar este camino en su mapa; si no lo hizo fue porque, como salta a la vista, le hubiese quedado fuera. Eso de andar pegando papelitos que después medio se despegan, y se arrugan, y se ponen hechos un asco, es siempre un engorro.)

El viajero y el perro Llir, su rastra, más mohínos que alegres y con las potencias del alma —la memoria, el entendimiento, la voluntad y el humor— enmohecidas y confusas, reposaron en la fonda del señor Delseny (sin pena, ni apetito, ni gloria) y volvieron al camino, esa infinita clemencia. Garós queda a la banda norte del rumbo que se sigue, a la diestra mano de la calzada y del Garona, frente a la confluencia del Bargadera, chorro que baja de los estribos del tuc Mig Dia y del tuc Bargadera. El viajero, que no tiene ganas de subir la cuestecilla de Garós, pasa de largo y sin saludar. Garós es caserío de Artíes, pueblo que no se gobierna solo; el monte que dicen Bosc del Gascón, en el que crecen los avellanos y los abetos, lo condena a eterna sombra, húmeda siempre y deleitosa a ratos. Garós es latitud muy renombrada y célebre por sus puercos, como Bagergue lo es por sus hombres y Tredós por sus garridas y bien dispuestas mujeres; esto de las especializaciones, a veces, tiene sus ventajas. Sobre el Garona, un puente de piedra herido de ala se consuela con la cataplasma de los troncos vivos y sangrantes; a menos de cien pasos del puente enfermo, un puente nuevecito y presumido mira al paisaje por encima del hombro. Los caracoles de oro —pausados, gregarios, brilladores— lucen sobre la roca verdinegra y el húmedo y verdialbo tronco de los salces. Al viajero, los caracoles de la niebla le soplan al oído muy entrañables y remotos recuerdos de la niñez: y las babosas de la fuente, y los nostálgicos gusanos de luz que se aman, en la alta noche, guarecidos en la olorosa mata de la pagana madreselva. ¡Válganos nuestro señor el apóstol Santiago, amén! Hay días en los que el sentimiento pega como la tos, a rachas.

A Casarill lo escolta la tropilla de fresnos. Casarill está a la izquierda del Garona, en su pulida y llana platea en la que pacen la vaca resignada y el choto que todavía no aprendió las artes de la resignación. Un niño pelirrojo chifla en el caramillo un compás inventado para el acordeón, mientras una mocita proporcionada —el cabello castaño, la tez de nácar y el mirar hondo y sombrío— lee un tebeo francés. Por el camino cruza, con gesto preocupado y socorredor, un mozo que abriga bajo el jersey a un gato jalde y enfermo.

—¿Va malo?

—Sí, señor, muy malo; casi no puede ni moverse.

El perro Llir, para no caer en la tentación de rematarlo, se alejó muy discretamente. A la salida del pueblo, un chalet pretencioso anuncia lo que ya se sabe; Villa Beravista (bera, en aranés, quiere decir bella) se alza, en efecto, en un bello y dulce paisaje sobre el que la vista se siente descansar.

Sobre Escunyau, poco más adelante, empieza a hacerse de noche. El día, en los países de montaña, suele morir de golpe y sin avisar, como los cardíacos; es posible que las horas de luz, en las latitudes sombrías de por sí, vivan siempre estremecidas bajo la amenaza del soplo al corazón. Escunyau es aldehuela minúscula, pueblo que no luce (ni tampoco agoniza) sobre el camino, sino un poco a su izquierda. El viajero prefiere acercarse hasta Viella, a dormir bajo techado

y como Dios manda, y pasa de largo ante Escunyau, que se
le antoja misterioso y poblado de huidizos fantasmas. De
Escunyau a Viella hay poco más de media legua de andar;
las distancias aranesas, contadas sin salirse del camino, son
siempre muy domésticas y asequibles, muy breves y a la escala
del hombre normal (del contribuyente, no del excursionista
ni del andarín). Betrén queda a las puertas de Viella, la capital
de Arán, y casi alumbrado por sus luces; pero Betrén no tiene
hechuras de barrio ni de suburbio, sino que es un rústico pueblecillo que llega, sin inmutarse demasiado, desde la Edad
Media, y al que no parece impresionarle mayormente la ve-
cindad. Hay pobres de gran nobleza, que aguantan la compañía de los ricos sin alterar sus hábitos ni mixtificarse, y pobres
muy ridículos y miméticos, que copian al poderoso y remedan
sus gestos y sus aficiones; aquéllos son muy respetables e incluso ejemplares, pero éstos, en cambio, no merecen ninguna
consideración. Betrén es un pobre antiguo y digno, que no
cambia la pobreza por la falsa riqueza que no se da sino de
prestado y muy humillantemente. Cada cual es cada cual,
según la buena teoría, y vale más mostrarse pequeño, si se es
pequeño, que no engañarse gastando tacón cubano. Un pobre
siempre puede tener algún adorno que se le niegue al rico. La
iglesia de San Esteban, en Betrén, es una de las más bellas
de todo el valle; los autores le dan mucho mérito y cuentan
que fue capilla románica, reformada en el siglo XIV. Viella
no tiene una iglesia más elegante, ni ilustre, ni airosa. La iglesia de San Miguel, en Viella, no gana en empaque ni en hermosura a la iglesia de San Esteban, en Betrén. Los entendidos,
para elogiar la iglesia de San Miguel, dicen que su puerta se
puede poner al lado de la de San Esteban; de lo demás ni
hablan. En la bóveda de algunos altares se representan escenas
de la pasión, con las explicaciones en francés. El campanario de
la parroquial de Viella es del siglo XVI y también tiene su
reloj, que da las horas con campanadas muy civiles y armoniosas; por el país, todo lo que es posterior al descubrimiento de

América se considera superfluo, quizá por demasiado moderno y relamido. En Betrén, el viajero merienda un par de tomates, mientras el perro Llir, que no es partidario de los productos de huerta ni otras acuosidades, se dio a husmear rincones y catalogar colegas por el olfato; cada cual se divierte como puede y en el camino vale todo, menos hacer la pascua a los demás. Del perro Llir —quede constancia histórica del dato— jamás pudo decirse que molestara, al menos a sabiendas, al prójimo (sedentario o andariego) ni a nadie (salvo gatos, a veces). El perro Llir fue siempre muy ecuánime y político, muy sensato y cortés.

Viella queda mismo a la mano, al final de una cuestecilla que baja doblando en recodo hacia la mitad. Es de noche y, enfrente y formando un triángulo bien proporcionado, se ven las luces de tres pueblos: uno, grande y abajo; otro, más pequeño, a la derecha y algo en alto, y el tercero, a la izquierda, minúsculo y aún más alto todavía. A la luz del sol, el viajero hubiera sabido, por su silueta —como los barcos en alta mar—, que los tres pueblos del valle eran Viella, Gausac y Casau, al respective.

—Vámonos, Llir.

El camino es fácil y de muy amable andadura y, bajo el primer fresquito de la noche, ni se siente. En Viella hay cinco o seis tabernas donde, de cuando en cuando, se canta flamenco y se arma bronca por los obreros andaluces; el espectáculo queda muy cosmopolita, aunque un poco triste y sin sentido, un poco artificial y como al desgaire. El viajero, tras beberse unos vasos sin demasiado entusiasmo, buscó una fonda de la que le habían hablado bien, cenó sin gula y se acostó en los vivos y despiadados cueros, para mayor descanso; a Llir hubo de colarlo de matute porque el reglamento es el reglamento y, cuando menos se piensa, se lo hacen cumplir a uno.

—Y ahora estáte callado, no nos vayan a echar a los dos.

A las seis o seis y media de la mañana, el viajero se despertó tan radiante y juvenil, ¡válganos Santa Rita, patrona de imposibles, y también San Bruno, que da ciento por uno!, que hasta se lavó la barba con jabón de olor*. El día empezaba a romper por detrás de los altos cerros y, a los primeros clarores, la arribera del Mig Arán lucía brilladora y limpia como el diamante. Viella es ciudad muy aseada, con pavimento en las calles, y alcantarillado para cuidar la higiene, y árboles de adorno. Viella es cábeza de partido judicial; Bossost y Lés quizá sean más grandes (tampoco mucho más), pero la capital de todo el valle es Viella. Nueva York también es más grande que Guasintón y los de Guasintón no se pican por eso. En Viella se venden souvenirs españoles, más falsos que Judas: castañuelas, banderillas, panderetas, muñecos vestidos de torero, de guardiacivil, de cura, de andaluza, etc. La industria de los recuerdos en serie es algo que está tomando mucho auge en todo el país, se conoce que los fabricantes dieron con la fórmula mágica que hace capaz la doma de las sensaciones. Los turistas, probablemente, son especie gregaria y muy asna que se conforma con lo que se le da (aunque no venga muy a cuento lo que se le dé). El viajero tiene para sí que trocar el recuerdo, esa noble e íntima sensación, por lo que se nos brinda para ahorrarnos el dulcísimo trabajo de la memoria, es pifia tan grave y miserable como lo fuera el confundir el amor con la frecuentación de la mancebía. En Viella, en los montes de Viella, crecen el gentil abeto y el haya maternal sobre la verde yerba salpicada de flores silvestres aromáticas, misteriosas y multicolores. A muy pocos turistas se les ocurre, ¡peor para ellos!, llevarse un recuerdo de verdad, un recuerdo de los que Dios inventa cada mañana y brinda a quien quiera llevárselo: un palito, la brizna del sutil helecho, el pétalo pe-

---

* Don Marcelino Peregort Martinpé, filósofo autodidacta y cazador furtivo que gastaba el pelo de zanahoria y un ojo de diferente color que el otro, explicó al viajero, delante de un hondo vaso de pastis, que, contra lo que suele suponerse, la lujuria es vicio mañanero, como el zigzag de la golondrina y el piopío del gorrión, y no nocturno, como el concierto del ruiseñor o la sosegada sabiduría de la lechuza.

ludo y campesino de color de sangre o de brillos de oro.

—No te pongas nervioso, Llir, que esto se me pasa pronto, ya verás.

En la fonda Serrano se almuerza con mucho sentido común; el comedor está pintado de color de rosa y queda más bien ridículo, pero el queso y el jamón y el pan que sirven son de confianza y muy ambrosinos y gustosos. En Viella hay edificios de cierta importancia: la torre de Martinón y las casas de los Burgarol, de los Rodés y los Fedusa, del siglo XVII. El ayuntamiento está en la plaza Mayor, en un edificio más solemne que importante y muy del gusto de las fuerzas vivas. Sobre la fachada del ayuntamiento se lee un letrero que, visto despacio, puede sumir al español en muy amargas reflexiones históricas y políticas:

VI Julio MCMXXIV
Siendo Rey de España
Don Alfonso XIII

y

Gobernando un Directorio Militar
Pisó por primera vez tierra Aranesa
un Monarca Español

Al viajero le asusta un poco pensar que, durante novecientos años y desde Sancho Garcés el Mayor, rey de Pamplona, que fue el primer príncipe del lado de acá de los Pirineos que incorporó a los araneses a su cetro, ningún rey español ni ningún rey de España*, hasta el último, sintiera necesidad de ver lo que era suyo; a esta figura, en castellano, se le llama

---

* El viajero, con todas las reservas necesarias, llama ahora rey español —y a los solos efectos de este párrafo— a cualquiera de los monarcas de los diferentes reinos que, los años andando, habrían de formar España. Y llama rey de España a todos los que se sucedieron en el trono desde los Reyes Católicos.

abdicación, desidia o desprecio: malas actitudes para un rey. Don Alfonso XIII visitó el valle de Arán tres años después de haber estado en Las Jurdes, suelo desgraciado al que tampoco nadie quiso ir. Al viajero le resulta especialmente simpática e inteligente la andariega apostura de Don Alfonso y, tal como lo cree, así lo dice (con el ruego de que no se rasguen las vestiduras sus amigos republicanos, que la verdad es una y no entiende de instituciones, puesto que las sobrevuela). De los reyes anteriores y a este particular respecto, el viajero ya no puede pensar lo mismo salvo, quizá, de Isabel la Católica, que también se pateó el país de lado a lado, aunque no, que él sepa, el valle de Arán; en itinerarios muy posteriores al tiempo en que vivió la reina*, no aparece ni mención de un solo camino por estas pirenaicas latitudes.

El señor Riu Jaquet despacha un tinto muy saludable que se parece, vagamente, al vino del Ribeiro y que el viajero trasiega con delectación y con nostalgia; en Iria-Flavia, en el establecimiento de su amigo Cruces, que queda a mano derecha, conforme se viene desde Padrón, y mismo frente a las casas de los canónigos y el cuartel de la guardia civil, tienen un vino que debe ser primo hermano —o al menos algo pariente— de este que se bebe en Viella y que quizá sea francés. Tres o cuatro canteros pontevedreses, puede que arrimados a la querencia del morapio, consideran, con muy ecuánime ponderación, los más sobresalientes rasgos morales de una dama casada infiel, extranjera y bien parecida, que los trae de cabeza (según síntomas). Uno de los canteros elegíacos, Felipiño Currás Meijide, natural de La Guardia, soltero, mayor de edad y aficionado (a lo que declara) al baile que llaman fox-trot, que es todo seguido y teniendo cuidado de que la pareja no se escurra, expresó al viajero un diagnóstico sobre

---

* Por ejemplo: el Repertorio de todos los caminos, de Juan Villuga (1546), o el Repertorio de caminos, del correo Alonso de Meneses (1576), que, en cierto modo, es un calco del anterior.

153

la señora en cuestión que no hubiera de mejorarlo el más aplicado y solvente de los historiadores.

—Por de fora séi que semella unha nécora, e ainda unha centola de Corcubión, aunque por de dentro é máis caente co rabo do demo carneiro.

Al viajero, que es cristiano que propende al pasmo ante las comparaciones desusadas, no le parece mal termómetro el rabo del diablo —y aún más si se disfraza de carnero— para medir el temperamento de las damas (sobre todo en determinados trances, estados y situaciones).

Viella está más o menos en el centro del valle de Arán, los poetas dicen en el corazón. Durante la carlistada, el año que nació Gustavo Adolfo Bécquer, el liberal don Pascual Madoz mandó levantar un castillo, probablemente el último de la historia de España, en el altozano de la Santa Creu, para mejor defender la villa de los ataques prójimos; el fuerte fue derribado por orden del gobierno el año que vino al mundo Mallarmé. Viella se agolpa a la izquierda del Garona y partido en dos por el río Nere, cuyas aguas, a fuerza de ser diáfanas como el cristal, dejan ver el lecho de negros y bien bruñidos cantos rodados; las truchas del río Nere también son negras, quizá por mimetismo. El río Nere es corriente que baja, saltando como un chivo triscador, del puerto de Viella y del barranco de la Capilla; el río Nere es afluente del Garona y se topa con él entre las casas, igual que dos camiones (tampoco de los más grandes, quizá fuera mejor decir dos camionetas) que se encuentran sin avisar. El viajero, por encima del puente del río Nere, ve pasar a una moza de pantalón corto; la criaturita luce las patas largas y proporcionadas, y va muy cartesiana, muy intrépida y en su papel: en seguida se ve que es francesa y, a lo mejor, hasta pariente de Carlomagno.

MONT-CORBIZÓN Y, AL FINAL, LA RAYA
DE FRANCIA

El viajero, que, como buen español, dedicó el día a tomar copitas y a mirar francesas (dos entretenimientos a los que no hubiera hecho remilgos el venerable y sabio patriarca Abraham), se encontró, a la mañana siguiente, fresco como las propias rosas y con las piernas elásticas y con ganas. A las puertas de Viella aparecen las descaradas edificaciones de la Sociedad Productora de Fuerzas Motrices, que estropean el paisaje con un indescriptible entusiasmo; hasta la guerra civil aguantó el tipo la ermita románica del Mig Aran, de la que no queda sino algún malherido lienzo de pared. El menhir que señalaba la diana del valle también pasó a mejor vida. Descanse en paz, como en paz, a lo que se va viendo, descansan las conciencias de los españoles hispanófagos, de los españoles que parasitan y se nutren del reseco y dentelleado cuerpo de nuestra pobre España. Amén.

Por la cuestecilla que viene de Gausac* baja una zagala

---

* Los gramáticos del catalán tienden a desterrar la ch final en sonido de c fuerte, con lo que, de rechazo, prestan un señalado servicio al lector castellano, quien, por ignorancia explicable y hasta disculpable (por la misma ignorancia que lleva a los franceses a decir Picassó, por ejemplo), pronuncian en castellano (Vich, Gausach, March) sonidos que los catalanes representan de diferente manera (Puig, Andratx, Felanitx, en fonética figurada castellana, aproximadamente: Puch, Andrach, Felanich). El viajero piensa que tampoco fuera inconveniente explicar a los castellanos que Sabadell o Vendrell no se dicen ni Sabadel ni Vendrel, pero para tamaña empresa no se siente con fuerzas.

de andares poderosos y firme grupa acompasada, que lleva un cántaro a la cabeza y una flor en la boca. El viajero, con la boina en la mano, se hizo a un lado del camino.

—¡Así se pisa, gentil pimpollo! ¡Diga usted que sí y no pida permiso a nadie, no se prive! No valgo mucho, bien me percato de lo poco que soy para usted, pero si quiere y ése es su deseo, puedo lucirle mis habilidades, que tengo varias: sé bizquear la vista y mirar contra el gobierno (esto es fácil), sé poner cara de tonto, cojear muy artísticamente, pegar saltos mortales (antes los daba también para atrás, ahora ya no), cantar tangos, romperme platos en la cabeza, bailar el suelto y el agarrado, silbar (con dedo y sin dedo) y ayudar a misa; sé recitar algunas poesías de corrido y sin dejarme ni una sola palabra y, aunque a veces se me pega un poco a la sartén, también sé hacer paella, y filloas, y buñuelos de viento. Si quiere, le llevo el cántaro.

La moza, ni risueña ni iracunda, le dijo que no, muchas gracias, que el cántaro podía llevarlo sola, y el viajero, resignadamente sentado en la cuneta, la vio marchar sin mayores remordimientos ni nostalgias de más sufridora raíz. La conformidad, en estos trances, es fuente de infinita sabiduría.

A Gausac, viniendo derechos desde Viella, por la carretera del túnel, se entra a las bardas de la iglesia de San Martín, que parece un viejo pastor de caballos; en las praderas que rodean al pueblo retozan los potrancos mientras las yeguas de vientre pasean su solemnidad y su aburrimiento con muy estudiada prosopopeya. La artiga del río Nere es honda y sombría y solitaria como el distante y helado páramo que la cierra. Viniendo por el camino que sale de Mig Aran a orillas del río Gausac o barranco de Casau, cuyas aguas brotan al pie de la ermita de Mont-Corbizón, se llega al pueblo por un atajo que cae al lado contrario. En el patio de la iglesia se guarda una estela funeraria romana que, si se lo dicen a uno, llama mucho la atención. En el llano y casi a un tiro de honda, las casas de Viella, rodeadas de vacas suizas, se arraciman en torno a sus dos ríos. Hacia el oeste, en el camino de Francia, Vilac y Arrós semejan dos mansos campamentos habitados de muy doméstico sosiego.

—¿Te gustaría ser veraneante, Llir, y pasarte el día holgando y bebiendo vermú?

El viajero pasa por Gausac temprano y sin pararse, aunque el perro Llir, inducido quizá por muy misteriosas razones de amor, medio se le resiste a seguir andando.

Casau, poco más arriba, está pegado a Gausac y es aún más rústico y pequeño, más montaraz y bucólico. Al viajero, que de mozo leyó a fray Luis y a don Antonio Machado, le llenan de muy especial clemencia estos pueblos que casi nadie sabe dónde están y en los que, sin embargo, los hombres y las mujeres se aman, dulce o apasionadamente, con mansedumbre o fiereza (o hastío), lo mismo que en las enormes ciudades devoradoras de conciencias: e incluso con más arte porque, como los figurantes de las historias antiguas (y a diferencia de los atareados paladines), gobiernan su tiempo —esa bendición de los dioses— y adivinan el último y más sapientísimo resabio. El viajero, en un ventanillo de cualquier calleja de Casau, vio pintarse sus barbas vagabundas en unos ojos limpios como la mañana y misteriosos; si no fuera faltar a las leyes de la hospitalidad, el viajero le hubiera compuesto un soneto a la dama que, no más que un instante, lo miró pasar, enamorado y terco, por el camino del monte.

Casau arriba, el viajero con su perrillo al lado, pronto anda el bosque estremecido por sus mil rumorosos silencios y sus duendes. Hacia poniente, el sol que se levanta pinta las crestas de un malva suave y nacarado, casi marinero, que flota sobre la aterciopelada y oscura mancha del abetal. Desde lo alto del monte —ni duro ni esquinado— de Casau, el viajero, en menos de una hora y sin ahogarse, llega a la ermita de la Virgen de Lourdes, en el Mont-Corbizón, y se refresca los cueros y el gaznate en la fuentecilla que da de mamar, como una madre aldeana, al río niño. Mont-

Corbizón es atalaya de fácil conquista, mirador desde el que merece la pena mirar el valle y sus cuatro puntos cardinales: los montes de Barradós, al norte; el Biciberri, al sur; el puerto de la Bonaigua, al este, y la Maladeta, con sus crímenes y sus leyendas, al oeste, sombreando el camino de Santiago.

El viajero, a la vista de toda la tierra junta de Arán, piensa en la cautelosa y vetusta estructura política —aristocrática y democrática, según a la luz que se mirase— que tuvo en tiempos y a la que arruinaron, a fuerza de aplicación y sectarismo, los abusos de quienes podían abusar y los desmanes de todos. El valle estuvo dividido en terzones, que eran tres (como su nombre indica). Más tarde partieron a cada uno en dos y salieron seis, claro, que contados desde España eran los siguientes: el Pujolo, capital Salardú [1]; Artíes [2]; Viella [3]; la Marcatosa, capital Vilac [4]; Iriza, capital Vilamós [5], y Bossost [6]. Cada pueblo tenía un consejo de distinguidos, una especie de senado de prudentes, encargado de elegir el ayuntamiento entre sus próceres. Por encima de los consejos locales quedaba el consejo de terzón, regido por el presidente del consejo de la capital del terzón y formado por los alcaldes de los pueblos. El consejo general, que se reunía en Viella, estaba formado por seis consejeros, uno por cada terzón; el síndico procurador general, que actuaba de secretario; el gobernador del valle, que presidía, y un jutge, que le asesoraba en la administración de justicia. Al gobernador del valle, que era el huésped de Castell-Lleó, o dicho en castellano, el castellano de León, lo nombraba directamente la corona, y los araneses tenían costumbre con fuerza de ley bastante

[1] Otros pueblos: Tredós, Bagergue, Unyá y Gessa.
[2] Coincide con el actual ayuntamiento, que tiene como anexo a Garós.
[3] Otros pueblos: Gausac, Casau, Betrén, Escunyau y Casarill.
[4] Otros pueblos: Mont, Montcorbau, Betlán, Aubert, Arrós —en plural— y Vila.
[5] Otros pueblos: Arrés, Arró —en singular—, Benós, Begós y Les Bordes.
[6] Otros pueblos: Lés, Canejánm y Bausén.

158

para rechazarlo si no era aragonés; el jutge podía ser aragonés o catalán, y los bailes o jueces inamovibles de cada pueblo debían ser, forzosamente, indígenas. La justicia se administraba, tres días a la semana, en Viella, y los viernes en el Castell-Lleó, en Les Bordes, que se mantuvo en pie, con sus fueros y su horca, hasta el siglo XVIII; en el 1819, los franceses le pegaron fuego y lo arruinaron, muy científicamente. Los asuntos espirituales del valle de Arán eran del negociado del obispo francés de Comminges, que tenía su sede en St.-Bertrand-de-Comminges, aunque después pasaron al obispo español de la Seo de Urgel y, de modo más próximo, a su representante el vicario foráneo de Salardú.

El viajero, para mejor bajar tal empacho de derecho administrativo, tentó la bota y trasegó una lenta gorgorotada de muy higiénicos y barredores efectos. En la pleta de Casau, un zagal separa una punta de ganado con la ayuda de un can peludo y bravito, poco mayor que Llir. Al ordenancista y útil perro de pastor, por esta tierra llaman gos de atura; en el castellano de Aragón, aturar significa gobernar el bestiaje, pararlo, conducirlo; en gallego, se dice por aguantar mucho y bien el trabajo. El gos de atura aranés es de menos alzada y corpulencia que el catalán y tiene la cabeza —y aun el gesto— de oso; las lanas abundantes, lacias y leonadas; la inteligencia astuta, la memoria desarrollada y el valor a prueba; es amigo de los caballos y el ganado vacuno, estrangula ratas con limpieza y sin mayores alardes, y respeta a las gallinas y demás aves de corral. El gos de atura de Arán, probablemente, es el que los aficionados a canes llaman pastor de Bagnères, lo que tampoco queda demasiado extraño. Llir, se conoce que receloso de las intenciones y las decisiones de su colega, se aculó a una pantorrilla del viajero y compuso una carita muy neutra y simpática; cada cual se defiende como puede, ya que las armas no son buenas o malas de por sí, sino según. Por el monte de Geles y su majada y su bosque de hayas, el viajero, sin mayor fatiga, se pone en el hondón

159

del río Jueu, o Judío, cuyas praderas están empapadas de humedad e infestadas del caracol que dicen caragol jueu, que es bueno para alimentarse porque serena el sistema nervioso, limpia el riñón y cría sangre nueva. El viajero que, sobre no ser demasiado asqueroso, gusta y digiere lo que le echen, se come los caracoles crudos, como las ostras, con limón o con un poco de sal; la baba se les despega sola, poniéndolos a remojo en cualquier fuente. Antes, cuando era más joven, el viajero se los comía sin pelar, como las manzanas; la concha del caracol es muy rica en hierro, arsénico, cal y otros minerales y resulta muy saludable e indicada (sobre todo para los ancianos que tienen los huesos reblandecidos y los niños que crecen más de un lado que de otro). Los prados de la Artigueta son bellos y de color esmeralda, pero incómodos de caminar; el viajero, hundiéndose hasta los tobillos, toma el trance con muy paciente resignación, con ánimo muy sosegado y en calma. En los casos de apuro, el mayor de todos los apuros suele ser el que va por dentro, no el que va por fuera. O dicho más claro: el que aporta el interesado de su cosecha y no el que Dios dispone. Más allá de la Artigueta y su cienaguilla y dejando a mano derecha el sendero del bosque de Bericaube, que devuelve al caminante a Viella, el viajero, sin pasar el puente de Tourreles, toma por el arriate que va por la cuesta abajo de estribor del río y se llega, a la hora de almorzar —y, ¡ay!, también al tiempo que lo deja sin almorzar—, a Les Bordes. El río Jueu nace en el pedregal que nombran Güells del Jueu, al pie de la cresta de Pumero; las aguas vienen, perdidas y bajo tierra como topos, desde el Forat d'Aigualluts, en la vertiente de la Maladeta. Esto de la hidrografía es ciencia hermética y medio mágica, que no siempre se descifra con facilidad. La artiga de Lin, o vallonada del Jueu, es quizá la más exuberante y frondosa de todas las artigas aranesas; también la que guarda mayor misterio y poesía. La artiga de Lin se hunde hasta el lago Pumero y el pico de la Forcanada; al sur —y por encima de todos los demás— se recorta la silueta de los montes Malditos, a cuya primera ladera puede pasarse por el senderillo de cabras del coll de los Araneses.

Les Bordes, a la izquierda del Garona y sobre su repecho, es un pueblo moribundo que ha perdido hasta la memoria de su pasado y aún no tan lejano bienestar pastoril. Hay pueblos que parecen enfermos crónicos, caseríos que semejan fantasmas, y aldeas (y hasta ciudades) que fingen el doloroso gesto del pájaro herido que no puede volar. Les Bordes es paraje que se quemó demasiado de prisa, lugar que envejeció ganándole por la mano el tiempo. Al viajero, Les Bordes se le antoja un pueblo deshabitado o habitado por muertos (tampoco muy históricos ni famosos). Por aquí anduvieron las políticas piedras del Castell-Lleó, el baluarte del legal señor de horca y cuchillo; de él no quedan sino dos lápidas: una gótica, sepulcral y confusa, al lado de la iglesia, y la otra, conmemorativa de algo y no demasiado antigua (del XVI), que luce su orfandad en la ventana de una casa. Les Bordes no fue, en su origen, sino el escenario de las bordas en las que guardaban el ganado los vecinos de Benós y de Begós, al otro lado del Garona. Al viajero se le ocurre que llamar, pomposamente, Les Bordes de Castell-Lleó a estas parideras, queda un poco excesivo y rimbombante.

Al viajero y a su amigo Llir, en Les Bordes, les costó Dios y ayuda convencerse de que no habrían de encontrar nada, ni caliente ni frío, para comer. Después de patearse el pueblo, sin suerte y de un lado al otro, en busca de una fonda o de algo que se le pareciese, el viajero, con la gazuza cantándole polcas en la panza, se dio de manos a bruces con dos gitanas jovencitas vendedoras de toallas y de cortes de traje, más garridas y bien plantadas que misericordiosas, y con más gana de cachondeo de la que los hambrientos suelen aguantar.

—¿Quiere usted un corte de traje para los domingos, maestro, con rayita y todo?

—No, chata, que lo que yo quiero es comer.

—¡Huy, el barbas, qué hambrón! ¡Huye, muchacha, no te vaya a tirar un bocado!

Las dos gitanas salieron corriendo muertas de risa y cada una por su lado, mientras el perro Llir, quizás ofendido por el desaire, les gruñó con una ira insospechada y muy leal. Una gitanilla tenía los ojos verdes y la cintura de junco; la otra, de muy negro y aterciopelado mirar, gastaba el talle de caña de bambú, que es más cumplido, pero también suficientemente enamorador y gentil. Las dos eran morenas y peinadas con moño bajo según corresponde, y las dos tenían la tez de bronce o de aceituna, como se lee en los libros. El viajero al verlas marchar vivas —y tan juveniles y prepotentes— pensó en el Viejo Testamento y en sus conservadores y perdidos usos patriarcales.

—El hambre es mala consejera, Llir, compañía que resta serenidad al juicio. Sigamos andando.

El viajero suplicó a un niño que venía, a una mujer que estaba y a un viejo que se iba (quizá para el otro mundo) que, por caridad, le dijesen dónde podría encontrar un parvo bocado que le sujetase el hambre, pero —ante el acorde y tan extremo estupor del viejo, la mujer y el niño— pronto hubo de entender que lo que buscaba habría de seguir negándosele.

—Ahora sí que nos vamos, Llir. En este pueblo estamos tú y yo de más.

Les Bordes fue cruce históricamente castigado por el azote de la guerra; así lo pusieron entre todos. El Castell-Lleó, a lo que parece, está asentado —estuvo asentado, que hoy ya es no más que osario de lo que fue— sobre los restos de un fuerte romano; en el siglo XIII, entre Alfonso III de Aragón y el rey de Mallorca, le dieron lo suyo; Jaime II de Aragón, el hermano del rey Alfonso, lo devolvió a su corona también a golpes, como cabe suponer; en la guerra dels Segadors, en 1643, lo tomaron los catalanes, y en el siglo XVIII fue ocupado y perdido, sucesivamente y en varios trances, por franceses y españoles. La última acción bélica sobre Les Bordes es aún reciente: en 1944 las fuerzas de la segunda compañía del batallón de montaña Albuera II fueron atacadas por milicias procedentes de Francia; resistieron tres días en su último reducto —una casa de la plaza—, y el pueblo, a resultas de los combates, medio se vino abajo.

—¿Me oyes, Llir? Te digo que tú y yo estamos sobrando.

El viajero y su sentimental lazarillo, con el ánimo mustio y en silencio, siguieron su excursión, casi arrastrando los pies.

—¡Qué pena de pueblo, Llir! ¡Con lo bien que nos lo habíamos imaginado tú y yo, lleno de vacas de leche, de caballos de tiro, de ovejas que dan lana y queso! En fin, paciencia.

Vilamós queda al otro lado del Garona y de la carretera, en terreno de monte y más allá de Benós y de Begós, burgos que esconden su desamparo entre barrancos. Vilamós es pueblo grandecito y vivo, no obstante su longevidad; por el valle se dice que Vilamós fue el primer poblado de los araneses o de sus más remotos y olvidados abuelos. El viajero en Vilamós tiene un amigo de la guerra —amigo también de Cinto Canut (q.e.p.d.)— que se llama Remigio Rosell y es dueño de una fonda. Como no llega temprano a Vilamós, el viajero, lo primero que hace, tan pronto como asoma los hocicos entre las primeras casas, es buscar a su amigo para que le dé de comer; en el hogar de Remigio Rosell el rescoldo no se apaga jamás ni de noche ni de día, ni en verano ni en invierno, y las chuletas —aunque un sí es no es algo durillas— acaban pasando bien si se las mastica con aplicación.

El perro Llir se puso como el Quico de roer huesos, y en la carita se le pintó el tranquilo y olvidado gesto de la felicidad. Remigio Rosell es un zagalón cincuentón, de buen saque y panza de forma antigua (abultada y con silueta de pera), que gasta bigote y presenta hija moza y en estado de merecer.

—Ahora le ha salido novio; es un buen chico que sabe de mecánica y de carpintería. Yo estoy deseando que se casen para que me llenen la casa de nietos. Esto está demasiado vacío...

Remigio Rosell es viudo desde hace ya diez o doce años. Remigio Rosell tuvo cinco hijos, pero, por unas causas o por otras, vive solo con la Francisca, que, eso sí, es muy buena y decente. Su hijo Ramón murió en los montes Malditos, despeñado como un rebeco con un tiro en el codillo. Su hija Antonia murió de parto; era muy buena, pero se conoce que se le daba mal eso de parir. Su hijo Remigio sentó plaza y está destinado en Ceuta, en el cuartel Brull; es ya brigada y el año que viene, si Dios quiere, ascenderá a oficial. Su hija Josefina se escapó con un francés; peor para ella, que no podrá volver jamás a Vilamós. Su padre la recuerda, más compasivo que iracundo, con un vago poso de amargura bailándole en los ojos y en la garganta.

—Un amigo de Saint-Gaudens me dijo que la vio y que parecía contenta. Me alegro, pero, ¡qué quieres que te diga!, me cuesta mucho trabajo creer que sea verdad.

El novio de la Francisca, que está haciendo el servicio en Jaca, quiere casarse en cuanto lo licencien.

—Yo bien claro se lo dije: vosotros os casáis y yo vendo lo que tenga que vender para que vayáis para arriba y estéis bien. La única condición que os pongo es que me llenéis la casa de nietos. Esto está demasiado vacío...

El viajero, en Vilamós, se aprende los pasos de Francia y la más discreta y eficaz manera de cruzarlos. El viajero tiene un cuñado en Francia que está de sacristán en Cier-de-Luchon, algo más allá de Luchon, y que siempre anda diciéndole que a ver cuándo va a visitarlo. El cuñado del viajero, que se llama Pierre de la Cathervielle de la Saccourvielle (porque viene de familia noble), es hombre de posibles, que tiene un 2 CV y hasta televisión. El parentesco le viene al viajero por su hermanastra Aldonza Villardegoda Zamayón, que fue cupletista y que después, cuando sentó cabeza, se casó con el sacristán con nombre de par de Francia. El Pierre, además de sacristán, tiene un café de muy poético nombre —el café des Trois Ormeaux— y una droguería, y vive con mucha holgura y sin mayores preocupaciones.

—Y su señora, ¿se acostumbra en Francia?

—Pues sí, yo creo que sí. La Aldonza, como le vio las orejas al lobo, es de buen conformar.

El viajero, en cuanto vino la noche, se echó al monte, de la mano de Remigio Rosell y con Llir al lado, silencioso y sin despegarse.

—Esto de pasar a Francia es fácil —le había dicho Remigio Rosell al viajero, delante de unas copas de coñac—, es pan comido, como decía el sargento Serrano. ¿Te acuerdas del sargento Serrano? ¡Qué mala bestia! Según me escribió Daniel Arcos, ¿te acuerdas de Daniel Arcos, aquel chico andaluz al que cortaron una pierna cuando lo de Teruel?, el pobre murió a resultas de una borrachera. ¡Qué barbaridad la cantidad de vueltas que da el mundo! Lo único que tienes que hacer es callártelo, porque los guardias están llenos de manías*.

Poco más allá de Arrés de Jus, o de Baix, y de Arrés de Sus, o de Dalt, que en la noche semejan dos lobeznos, Remigio Rosell y su breve hueste cruzaron al otro lado de la carretera, con las luces de Bossost a la vista, y se metieron por los atajos del Portillón, escarpados y en forma de montaña rusa, donde termina España, pero no el valle. A las tres horas largas de haber salido de Vilamós y más allá del raro bosque de helechos del sendero de Sauvaga —que queda enfrente, a la derecha— y de las fuentes del Casino y del Portillón —donde las hayas están vestidas de yedra—, Remigio Rosell tiró de petaca y se sentó en el suelo.

---

* El viajero declara, para tranquilidad de su conciencia, mayor sosiego de todos y satisfacción de su amigo, que ni Vilamós es Vilamós ni Remigio Rosell se llama como aquí se le llama, y que cualquier parecido con situaciones o personas reales no es sino mera coincidencia, etc. Si cruzó y recruzó la frontera como un bandolero, acháquese a que no tenía pasaporte, pequeño detalle al que los carabineros y los gendarmes suelen dar gran importancia.

—Ya estamos en Francia; a este monte le llaman el Bois Neuf. Por ese sendero, todo seguido, llegas a Pont-de-Pequerin y a St.-Mamet. Tú, no entres; tú bordeas el pueblo y sigues hasta Luchon, lo conocerás por las luces. Suerte, y que encuentres bien a tu cuñado y a tu hermana. Hoy es jueves; el sábado, a eso de las seis, te espero en Fos, por encima de Pont-du-Roi, para pasarte a España.

—Adiós, Remigio, muchas gracias.

—De nada, hombre, no merece la pena ni darlas.

FRANCIA, VISTA Y NO VISTA, Y RETORNO
AL RUEDO IBÉRICO

(INTERLUDIO DE UN HUÉSPED DE LA CARIDAD)

El nombre oficial de Luchon es Bagnères-de-Luchon. En Bagnères-de-Luchon (en el camino de Lourdes hay otra Bagnères, la de Bigorre), el huésped de la caridad* descabezó un sueñecito en la estación del ferrocarril, que es siempre seguro refugio de huérfanos y desvalidos y sitio bueno y neutro y hospitalario. El perro Llir, se conoce que alarmado ante tanto extranjero (y olvidando, quizá, que los dos únicos extranjeros de la circunstancia eran él y su menesteroso amo), no se le despegó ni para oler colegas ni aun para levantar la pata en cualquier esquina propicia y tentadora; la emigración, a veces, produce muy insospechados, aunque previsibles, tactos de codos.

Cuando Dios se sirvió amanecer sobre la tierra de Francia, el huésped de la caridad, por las cuestas abajo del valle de Luchon y por la carretera de Montréjeau, que corre a la vista

---

* El viajero, durante las horas que vivió en Francia, no fue viajero (ni ejerció, ni se comportó según el uso), sino más bien —dicho sea para ser entendido— huésped de la caridad y comensal de misericordias y alifaras. ¡Y nunca peor! En consecuencia, al viajero, mientras ande por Francia, se le aludirá, en esta verídica historia y a tenor de su nuevo oficio y aprovechado menester, llamándole de cualquiera de los dos nuevos modos (el huésped de la caridad o el comensal de misericordias), según convenga al trance y al hilo el relato.

de las ágiles aguas del río de la Pique, se llegó hasta Cier-de-Luchon, más allá de Antignac y de Moustajon y mismo a orillas de la corriente. Los montes de la una y la otra banda están llenos de bosques frondosos y bien cuidados, y en el ambiente, en la mañana fresquita y neblinosa, se respira un vago aroma de paz y de prosperidad. En Antignac, el comensal de misericordias, que venía con la vía del tren y el río a la derecha, los salta, sin salirse de la brincadora carretera, para dejarlos a la mano contraria; los ingenieros, a veces, le buscan muy raras y delicadas vueltas al paisaje.

—¿Te gusta Francia, Llir? ¿Verdad que está todo bastante arregladito?

En Cier-de-Luchon, al huésped de la caridad no le fue difícil darse con su cuñado, el Pierre de la Cathervielle de la Saccourvielle, dit le Jupon, porque al pasar por la plaza se lo encontró jugando a la petanca, a la sombra del olmo centenario y solemne que la adorna.

—¿Y tú por aquí?

—Pues, ya ves, vengo a visitaros, a ti y a la Aldonza. Andaba por el valle de Arán y me dije: ¡Hombre!, ¡voy a pasar a Francia, a ver qué hace la pareja! Y aquí estoy.

El cuñado del huésped de la caridad, que tenía cierto sentido práctico (no en vano, sobre francés, era sacristán, cafetero y droguero), debió adivinarlo con más hambre que los gusanos de los muertos, porque lo primero que hizo, no más cruzadas las iniciales palabras, fue echarle de desayunar; probablemente sospechó que estaba sin un solo franco a bordo, cosa que suele notarse en el mirar huidizo, desconfiado y sin aplomo.

—¿Y éste?

—Este es mi perro; se llama Llir y es muy leal y bondadoso. No entiende el francés, pero creo que lo aprendería en seguida. ¡Si tuvieras por ahí un par de croissants de sobra!

En el café de su cuñado, a pesar de ser un café de pueblo y sin mayores lujos, hay un cenicero en cada mesa. El huésped de la caridad tiene para sí que, lo mismo que España es el área del palillero y del bicarbonato y, cuando hay suerte, también de la escupidera, Francia es el reino del cenicero. En los cafés españoles, las colillas se quedan donde pueden —debajo de las mesas o en la vacía taza de café— y la gente se escarba la dentadura, se hincha de bicarbonato y escupe en el suelo con entusiasta arrogancia. El huésped de la caridad recuerda haber visto, en un café de la Rioja, un letrero que era toda una declaración de principios: Se prohíbe escupir en las paredes. En Francia, la gente no se reconforta con bicarbonato ni escupe (o escupe menos) y no se monda las caries: las empastan. Esto de la dialectología y las tradiciones populares fue siempre disciplina imprecisa y de muy borrosos contornos.

La Aldonza estaba bien, un poco gorda pero bien; se conoce que la sosegada vida francesa le probaba, porque lucía lustrosa y de buen año.

—¿Y tú qué haces ahora?

—Pues nada, ya ves. A veces, escribo algo y lo publico donde puedo.

La Aldonza hablaba un francés con acento manchego, muy eufónico y añorante; con su medio hermano, el huésped de la caridad, hablaba en español, como es lógico. La Aldonza vestía muy moderna, con la falda llena de tablitas y una rebeca de color ciclamen, y se peinaba a lo Pompadour, con el pelo trenzado en un moño aparatoso y lleno de idas y venidas.

—¿Y no se te cae?

—Pues, no; a fuerza de laca, aún va aguantando.

La Aldonza y el Pierre tenían dos hijos varones, como de diez o doce años, y una niña de meses, muy mona y sonriente, que no daba guerra ninguna y se criaba muy sanita, gracias a Dios. La Aldonza se ocupaba más del café y de la droguería que de la sacristía; las señoras de Cier-de-Luchon eran muy patriotas y sui géneris, y hubieran visto con malos ojos el que fuera una extranjera la que mangonease entre los bastidores de la parroquia. El huésped de la caridad piensa que en Albacete o en Lugo hubieran discurrido los acontecimientos según la misma pauta, ya que la xenofobia y el imperialismo de las beatas suele marchar por senderos muy previstos y estrechos, muy poco originales y variados. La Aldonza era buena cocinera y estaba tratando de convencer a los franceses de las excelencias de la paella valenciana, de la fabada asturiana y del cocido madrileño; a veces tenía suerte y a veces, en cambio, no. La Aldonza, que era muy animosa y cabezota, no solía dar su brazo a torcer.

—Es lástima que estos franchutes no sepan guisar con la cantidad de cosas buenas que tienen. ¡A mí me gustaría verlos, arreglándose con una corteza de tocino y un puñado de garbanzos y un ajo! ¡Ahí es donde yo querría verlos, a ver si presumían tanto!

La Aldonza no decía nunca franceses y sí, siempre, franchutes; cuando se incomodaba, les decía cosas aún peores y les hablaba de Zaragoza y de Bailén y del 2 de mayo.

—¡Como conejos! —solía decirles—. ¡Así corrían ustedes, como conejos!

—¡Mujer, cállate! —le suplicaba el marido—. ¿No ves que no les gusta que se lo recuerden?

—¡A nadie gusta oír las verdades! —contestaba la Aldonza, en un último esfuerzo dialéctico—. ¡Lo que pasa es que aquí hay mucho franchute! ¡Si lo sabré yo!

El comensal de misericordias procuró (sin éxito indescriptible) templar gaitas y predicar moderación y mesura, pero, cuando se convenció de que sus esfuerzos resultaban vanos, se fue a dar una vuelta por el pueblo y a tomarse unas copitas.

—Yo pago —le dijo el Pierre—. Tú, hasta que vuelvas a España, estás a mi consignación.

—Se agradece; si tú caes alguna vez por el país, ya procuraré corresponder.

Cier-de-Luchon es un pueblecito simpático y hasta limpio,

con monte a la espalda y enfrente, que tiene una iglesia de cierto empaque y dos gasolineras nuevas y relucientes, recién pintadas. Sin embargo, lo que el comensal de misericordias encontró más meritorio y plausible en todo el pueblo fue el olmo de la plaza, copudo como una matrona y respetable, y el coñac que despachaban en los establecimientos, aromático igual que una flor saludable.

—¿Tú crees que el perro se querrá quedar solo?

—¡Hombre, yo creo que sí! ¿Por qué?

—No, por nada. Si tú crees que aguanta encerrado en el garaje, para que no se te pierda ni se te escape, le decimos a la Aldonza que se arregle un poco, dejamos a los niños en casa de mi madre, y nos vamos los tres a Luchon, a comer como duques. En estos restoranes un poco finos, no dejan entrar más que perros de raza.

El huésped de la caridad, que no es partidario de discriminaciones (ni racistas ni de las otras), se encontró entre la espada tentadora del almuerzo en ciernes y que con tales y tantas suculencias se esbozaba, y la fría pared de la deslealtad al amigo que había que encerrar.

—¿Y por qué no lo dejamos dentro del coche? Llir, aunque campesino, es bastante aseado; no creo que te lo ensucie.

El Pierre, que era hombre de tierno corazón, entendió las razones del comensal de misericordias y dijo que bueno, que por probar nada se perdía y que lo más que podía suceder era que tuvieran que ventilar el coche; entonces la Aldonza se arregló como una princesa y hasta se puso sombrero, y los cuatro en el 2 CV —el Pierre y el huésped de la caridad delante, la Aldonza detrás, y Llir saltando de atrás adelante y de delante atrás— se pusieron, a eso de la una de la tarde, en Luchon. El Pierre dejó el coche en la alameda d'Etigny y, por la rue d'Espagne, llegaron a Chez Antonin, que está mismo al lado.

—Tiene tres estrellas: yo creo que comeremos a gusto, ya verás. Ahí arriba, en Superbagnères, hay un restorán con cuatro estrellas, el del Grand Hotel, pero es un poco caro.

El huésped de la caridad, antes de ponerse a comer, le llevó dos huesos a Llir y lo sacó a pasear un poco.

—Y ahora te quedas ahí, mirando pasar francesas: las hay muy monas. Y a estarse quieto y formal y a no hacer tonterías ni porquerías, ¿te enteras?

Después, el comensal de misericordias —¡qué áureas misericordias, a veces!— se sentó a la mesa y sacó la panza de mal año y por la puerta grande. He aquí, en francés, que hace más alimenticio, e incluso con un vago pudor, lo que el huésped de la caridad, por la casual bienaventuranza de haber casado a su hermana con un sacristán gabacho, hubo de estibar en el organismo en aquel día memorable: terrine de volaille...

—¿Quieres ahora un poco de foie gras truffé?

—Bueno, venga.

...foie gras truffé, una docenita de escargots de Bourgogne...

—¿Hacen un par de coquilles Saint-Jacques?

—¡Hombre, sí, porque me recuerdan a Santiago!

...coquilles Saint-Jacques façon Antonin, râble de lièvre Grand Veneur...

—¿Te atreves con un perdreau blanc rôti sur canapé?

—¡Si no es muy grande!

...perdreau blanc rôti sur canapé y, de postre, profiteroles glacées avec sauce chocolat chaude (que están muy indicados para bajar la caza), café, un par de copitas de Calvados y un puro Churchill. Con la comida, desde el foie hasta el perdigón, al comensal de misericordias le escanciaron Chambertin, el príncipe de los tintos de Borgoña. Un día es un día y si hay alguien que dé más, que avise.

—Esta noche, comida en familia y agua de Perrier, y mañana, antes de dejarte en Fos, te llevo a Barbazan, a casa de Monsieur Bergé, le roi de la truite, que es buen amigo. ¿Hace?

El huésped de la caridad, con su último aliento, aún pudo responder:

172

—¡Que si hace!

Del regreso a Cier-de-Luchon y de las benéficas dificultades digestivas de que hubo de gozar, guarda el parásito de caridades y misericordias (que ahora procede apretarle el tratamiento, ya que no el cinto), muy vago e impreciso recuerdo, aunque anestesiado y feliz; los transportes de la santidad y del nirvana, si bien de otro origen, deben ser muy parecidos y no menos reconfortadores.

—¿Qué tal te encuentras?

—¡Me encuentro como nunca! ¡Ahora me explico que los franceses hayáis perdido Indochina!

Ya en casa del Pierre y de la Aldonza, el huésped de la caridad durmió una siesta profunda y desconsiderada, una siesta terca y antigua y abacial, de la que se despertó a las tres horas y con algo de sed.

—¿Quieres agua?

El huésped de la caridad sonrió como un conejo que quiere hacerse simpático.

—Prefiero cerveza, gracias.

La cerveza francesa no es buena, no puede ponerse al lado de las grandes cervezas de Alemania y Holanda, pero, en todo caso, siempre resulta bebida menos ruin que el agua mineral. La cerveza y el café son los dos fallos, quizá los dos únicos fallos, de la mesa francesa, que es la mejor y más copiosa y delicada mesa del mundo (dicho sea con perdón de Mme. de la Cathervielle de la Saccourvielle, nacida Aldonza Villardegoda y Zamayón). El gran café europeo es el italiano y el mallorquín; el español peninsular baja bastante.

En el café des Trois Ormeaux, el Pierre presentó al comensal de misericordias a las fuerzas vivas del pueblo.

—Es mi cuñado español; antes era sargento, pero ahora, como en su país no hay guerra y los cuarteles, con esto de la paz, quedan más bien aburridos, se dedica a escribir. Mi cuñado compone unas poesías muy aparentes a la patria, a la bandera, a la Virgen del Pilar, al descubrimiento del

Nuevo Mundo, etc., y también contrata artistas para las funciones de los pueblos: frívolas, hipnotizadores, enanos, flamencos, de todo. Su señora está bien de posibles, pero no le da ni para tabaco; en esto no me meto, porque cada cual sabe de lo suyo. Mi cuñado español también trabajó de torero; en cambio, ¡ya ven ustedes!, jamás fue seminarista.

El comensal de misericordias correspondió con una bien dibujada sonrisa a las miradas de extrañeza (e incluso de estupor) que se le dirigieron.

—¡Ah, España, España! ¡El país de don Quijote, como decía Clemenceau!

Aquella noche, el huésped de la caridad cenó casero —sopa, un par de chuletas, una manzana asada, café y copa— y se acostó temprano y con Llir a la vista, en un rincón del cuarto y sobre el macuto. Antes de dormirse, caviló que no se estaba enterando demasiado de la tierra de Francia ni de sus hombres; la verdad es que en automóvil y con todos los afanes aplicados a la digestión, no hay cristiano que se percate ni de los accidentes del terreno ni de los usos de los electores*. Después, cuando consiguió alejar de sí los malos pensamientos, se quedó como un tronco e igual que un angelito y soñó que se convertía en liviana mariposa de pintados colores. ¡Para que después digan que si el ascetismo y que si tal y cual!

El agua, empleada con moderación y buen sentido, es buena para uso externo: despegarse las legañas, desenredar la barba, peinarse los pelos de la cabeza, lavarse los pies al menos en los equinoccios y en los solsticios, etc. El huésped de la caridad, a la mañana siguiente, pensó todo esto mientras

---

* El huésped de la caridad, cuando se refiere al conjunto de los españoles o a un grupo numeroso de ellos, suele aludirlo llamándole la afición o los contribuyentes. Ahora, en Francia y con relación a los franceses, prefiere hablar de la opinión pública o de los electores, como hace en este caso y para no confundir. El huésped de la caridad siempre procura ser respetuoso con las características y las determinantes nacionales de cada país.

se chapoteaba, casi con entusiasmo, en el aguamanil. Cuando salió de su habitación, el Pierre se había ido ya, camino de la iglesia, a ayudar al párroco en su espiritual menester.

—Vendrá en seguida; el señor cura no es nada maniático ni exigente.

La Aldonza, sola y a domicilio, presentaba muy hacendoso aspecto, con su amplio delantal que le llegaba casi hasta los pies y el pelo defendido por una cofia de piqué blanco, muy práctica y doméstica.

—¡Ay, hijo! ¡Si una no se cuidara un poco, sería la dé: gringolade!

—¿La qué?

—La dégringolade.

—¡Ah, ya!

A las diez o diez y media regresó el Pierre; venía muy contento y orgulloso y frotándose las manos porque el señor cura, que era muy amigo de España y de los españoles y que incluso hablaba algo el español, quería conocer al huésped de la caridad.

—Hombre, yo muy honrado, pero me parece que tengo poco que conocer. En fin, ¡si es su deseo!

A las once llegó el señor cura: era un hombre todavía joven, muy pulcro y acicalado, que fumaba pitillos marca Gitanes, con filtro, y que había estado en la Resistencia. La Aldonza sacó café y galletas.

—Mi abuela era española de Borjas Blancas, en la provincia de Lérida. Yo amo mucho a España y a su gloriosa historia.

—Muchas gracias, señor cura; a un servidor, le pasa lo mismo con Francia.

—¡Ah, qué casualidad! ¿Su abuela era francesa?

—No, señor... Un servidor dice lo otro, lo de la historia... Carlomagno..., Napolcón..., el mariscal Foch... Vamos, la historia; usted ya me entiende, señor cura..., la historia...

El huésped de la caridad tuvo la impresión de no haber

estado muy brillante con el señor cura ni a la altura de las circunstancias. A veces, cuando uno más lucidamente quiere quedar, peor queda. ¡También es mala pata!

—¿Tú crees que se habrá ido con el convencimiento de que soy tonto?

—No, hombre, no; en seguida se veía que estabas un poco azarado. No te preocupes; el señor cura es muy inteligente y tolerante, muy moderno y culto.

—¡Peor!

—O mejor, ¡quién sabe! Y además, ahora ya no tiene arreglo.

—Sí, eso también es verdad.

Sobre el río de la Pique flotaba una ligera neblina que se iba deshaciendo, poco a poco, en mil tenues flecos a los que barría la brisa de los montes. Barbazan está más lejos que Luchon, bastante más lejos, y no hacia el sur, sino hacia el norte. Desde el 2CV del Pierre, que corría como un condenado y a saltos, igual que corren las liebres, el huésped de la caridad no tenía tiempo ni sosiego para enterarse del país.

—¿Por qué vas tan de prisa?

—¡Porque esto es un león! ¡Es el mejor coche del mundo!

—Bueno.

Lège es una aldea campesina que se ve a la izquierda, fuera de la carretera. Atrás quedó Cazaux-Layrisse, con su media docena —o docena y media— de casas y su pollo muerto.

—¡Angelitos al cielo!

Frente a Guran, la carretera salta sobre el río, y por Bachos, o quizá por Binos, vuelve a su mano.

—En Guran hay un castillo del siglo XVI, muy bonito.

—No lo dudo.

Cierp está a menos de dos leguas de Cier-de-Luchon; el río de la Pique pasa por en medio del pueblo y los patos, muy en su papel, lo navegan a contracorriente. Cierp es caserío gracioso, agrupado alrededor de la iglesia; un turista manco retrata la iglesia y los patos del río, manejando la má-

quina con una sola mano; se conoce que es un manco muy
mañoso. Un kilómetro más allá, después de una fábrica de
luz, el río de la Pique cae al Garona, que viene más crecido.
En Pont-de-Chaum, a la derecha de la carretera, queda el
cruce de España por Pont-du-Roi.

—Por ahí se va a España.

—¿Por dónde?

—Por ahí, siempre pegado al río.

Cerca de Esténos, al otro lado del valle, se pueden ver,
suponiendo que no se vaya tan a lo loco, las ruinas del castillo
de Fronsac, del siglo XIII.

—Oye, ¿quién era Fronsac?

—Fronsac no era nadie, hombre; Fronsac es un sitio.

—¡Ah!

Saléchan queda algo apartado del río, que vuelve a pegarse
a la carretera en Bagiry. Bertren pasa como un suspiro y de
Loures-Barousse, entre montes y en la confluencia del río
de la Osa con el Garona, sale el camino de Bains-de-Barbazan,
que está muy cerca. Tomando a la mano contraria se puede
llegar a St. Bertrand-de-Comminges, la sede del obispo que
mandó en el valle de Arán; St.-Bertrand-de-Comminges es
villa muy histórica, con recuerdos romanos y medievales y
de otras clases diferentes. El perro Llir, en cuanto pisó la
tierra firme de Bains-de-Barbazan, echó las tripas. ¡Animalito,
se conoce que no estaba acostumbrado a tomar las curvas
a tanta velocidad!

Bains-de-Barbazan es un lugar muy sombrío y romántico,
situado en un parque de árboles añosos por cuyos troncos
trepa la yedra y en cuyo ramaje silban el mirlo, de día, y el
ruiseñor, de noche. Bains-de-Barbazan presenta un lago por
el que nada el cisne; un balneario en el que purgan pasadas
grandezas los enfermos del hígado, y un casino en el que, de
cuando en cuando, alguien se pega un tiro en la cabeza.

—Chez Bergé también es tres estrellas; te voy a presentar
a Monsieur Bergé, es muy amigo mío.

Monsieur Bergé es un señor de modales muy almibarados, con pinta de diputado radical socialista; es curiosa esta tendencia que tienen los franceses a parecer diputados radicales socialistas en cuanto llevan una temporada comiendo bien.

—¿Tiene usted buen apetito?

—Pues, hombre, sí; buen apetito sí que tengo, ésa es la verdad.

—¿Y buen estómago?

—Pues, sí, gracias a Dios.

—¿Padece usted del hígado?

—No...

—¿Y de palpitaciones?

—Tampoco...

El huésped de la caridad, medio alarmado ante tan puntual interrogatorio, se bebió una cervecita para lavar el gaznate y abrir boca.

—¿Qué te parece mi amigo Monsieur Bergé?

—Bien, me parece bien..., quizás un poco preguntón.

—No hagas caso; eso es para quedar simpático, es un truco del oficio. Ya verás como nos da bien de comer.

El cuñado del comensal de misericordias no trompó, perdón, equivocó el diagnóstico, y Monsieur Bergé les sirvió una comida memorable, a saber: truite vivante au bleu, truite farcie Perrot, truite en gelée au Chambertin...

Le roi de la truite se acercó a la mesa para sonreír.

—¿Le cabe a usted algo, detrás de las truchas?

El huésped de la caridad también sonrió, en justa correspondencia.

—Podemos probar...

Y Monsieur Bergé le recetó deux cailles en cocotte paysanne —un plato en el que los pajaritos vuelan entre los más nobles frutos de la huerta— y queso de Camembert, de postre, con frambuesas, de regalo del gusto y epílogo del hartazgo. El huésped de la caridad pasó en blanco al café, ¡qué lástima no haberse topado con el café de otras latitudes!, pero no al marc de Champagne que, a su modesto entender, es el mejor aguardiente del mundo (el segundo es el williamine o aguardiente de peras suizo, y para el tercer lugar marchan empatados el marc de Bourgogne y el aguardiente casero de Portomarín y quizás, a veces, el del Ribeiro; entre los demás, aunque no de tan fino paladar ni delicado aroma, también los hay muy digestivos y recomendables).

El viaje hasta Fos, en la raya de España, por Pont-de-Chaum, desde donde se ve el valle de Arán mismo a la mano, fue de más fácil descocedura que el de la tarde anterior; se conoce que las truchas, que son saltarinas de por sí, y las codornices, que son ágiles de natural, se acoplan con cierta facilidad al organismo y a sus cien misteriosos recovecos.

—¿Ves a tu amigo?

—No, se conoce que no ha llegado todavía; pero vosotros iros ya, porque mi amigo es muy de ley. Muchas gracias por todo y a conservarse. Me llevo muy buen recuerdo de este país...

El Pierre de la Cathervielle de la Saccourvielle, dit Jupon, y su mujer, a bordo del 2 CV, pronto se perdieron, si no en el horizonte, sí en un recodo del camino. Que San Cristóbal les haya dado tan buen regreso como su generosidad mereciera, amén.

—¿Va usted a tomar algo?

—No, gracias; de momento, no. Estoy esperando a un amigo.

Remigio Rosell apareció a la puesta del sol, sobre poco más o menos.

—¿Llevas mucho tiempo esperándome?

—No; acabo de llegar.

Remigio Rosell encendió un purito andorrano y dio otro al viajero.

—Vamos a tomarnos una copa y, en cuanto se haga de noche, salimos para España.

EL GARONA A CONTRACORRIENTE,
HASTA BOSSOST

Remigio Rosell y el viajero, en cuanto se hizo de noche, salieron para España. El perro Llir, alegrado quizá por la querencia, se mostraba retozón y alegre; la verdad es que en Francia no se había sentido demasiado a gusto y a su aire, siempre encerrado y sin entender ni una sola palabra a los indígenas.

—¡Cálmate, hombre, que ya nos vamos para el país!

La frontera, por el camino con pasaporte, por el que sale de Francia por Pont-du-Roi, salta sobre el Garona; el Garona, siguiendo la marcha de sus aguas, es español hasta el puente y francés después del puente; la raya cruza el puente a lo largo —como el espinazo de un animal— y no a lo ancho —como el cinto que ciñe la barriga del hombre—, de forma que un automóvil, al pasarlo por en medio, lleva las dos ruedas de un lado a la sombra de una bandera, y las dos del otro, a la de la otra bandera. Al viajero, estos límites tan geométricos y tan administrativos siempre se le antojaron muy artificiales y forzados. En El Perthús es aún peor, ya que la frontera va por en medio de la calle y hasta por dentro de las casas.

—¿Y usted cree que queda claro esto que dice?

—Pues, hombre, no; más bien, no. Yo creo que queda a juego con la frontera.

La partida —jamás, en la historia del Pirineo, sospechara

181

nadie una partida más meñique y en cuadro— se metió por el senderillo que pasa por encima de Melles-Sériail, para ahorrarse el puesto de gendarmes, y saltando el río Maudan, que es un arroyo sembrado de piedras y con no demasiada agua, bordearon el bois de l'Ombre, con las lucecitas de Sacoste enfrente.

—Hasta aquí llegan, a veces, los gendarmes. Si asoman, no te apures; los gendarmes son como el oso, que no ataca más que cuando se ve acosado.

Por la orilla izquierda del Maudan —y con calma— la partida llegó al portillo de la Potería, a levante y más o menos al norte de San Juan de Torón, ya en España, que es un minúsculo caserío del término de Caneján; tanto la cabeza del ayuntamiento como su aldea están en la cuesta abajo y se van quedando, poco a poco, sin gente.

—En estos pueblos no conviene meterse, porque los carabineros se asustan; un carabinero asustado es muy peligroso. En San Juan, si las cosas vienen mal dadas, tengo buenos amigos. Y en todos estos pueblos, también.

La noche estaba alta y despejada y, a la luz de la luna, se podía caminar seguro y cómodo; el perro Llir, puede que para no perder el hábito de viejas mañas, achuchó un par de conejos que libraron vivos y al amparo de la maleza. Remigio Rosell y sus escuderos pasaron el río Torón algo más abajo del barranco de Bedreda, que medio se confunde con el de la Comarrotja; el puente de San Juan de Torón, frente al santuario, lo evitaron porque suele ser escala de carabineros.

—Aquí podemos echar un pitillo; nadie nos apura.

Remontando el barranco de Burdíus, más allá de la aldea de Pursingles, y sin llegar al estany Laujó, la partida, bajando por el bosquecillo de abetos de la baga de Lés y ya a la vista del pueblo, llegó al puente de la Lana (lana, en aranés, quiere decir llano) y, a los diez minutos, a la capilla de la Piedad.

—Tú, pon cara de excursionista.

—Entendido.

182

La partida entró en Lés de madrugada, con los carabineros aburridos y esperando el relevo.

—Buenas noches.

—Buenas noches nos dé Dios. Vayan ustedes en paz.

Del carabinero, considerado en abstracto, no puede decirse que sea enemigo natural del hombre; las costumbres del carabinero deben conocerse para, después, poder obrar en consecuencia. En la fonda Talabart preparan, a cualquier hora del día o de la noche, un par de huevos fritos con chorizo a quienes van de paso. Talabart tenía un caballo viejo, ciego y barbudo; un caballo noble, monstruoso e ilustre, con el que hubieran podido galoparse las Cruzadas. El viajero ignora la ocasión en la que Talabart se marchó, jinete en su caballo anciano, a cabalgar los predios de la muerte; la verdad es que el viajero tampoco se lo preguntó a nadie. La dueña de can Talabart, cuando el viajero entró en Lés como un suspiro, es la viuda del señor Antonio Boya Talabart (q.e.p.d.), quizá nieto del Talabart centauro.

—¿Quieren vino?

—Sí.

Remigio Rosell no se quedó a dormir en la fonda Talabart.

—Voy a acercarme a la central eléctrica, para subir al primer camión que salga para Viella. Que te vaya bien y a ver si escribes de vez en cuando; ya sabes dónde me dejas: ahí, perdido en el monte.

Al viajero se le imaginó ver un tenue timbre de emoción en las palabras de su amigo Remigio; a lo mejor no eran más que figuraciones.

—¿Usted va a dormir en la casa?

—Sí.

—¿Y el perro?

—No se preocupe, yo respondo.

Al viajero le avergüenza un poco ser sentimental, pero no puede evitarlo. Al viajero, la marcha de Remigio Rosell, su viejo amigo de la guerra, le produjo una insospechada congoja.

—¿Te acuerdas de Paquito Lestón, el leonés, que le pegaron un tiro en la boca cuando estaba comiendo el chocolate que le había mandado su novia?

—Sí que me acuerdo.

—¿Y del cabo Salcedo, que murió en Burriana?

—También.

—¿Y de Martín Higueras, que era estudiante de cura?

—También.

—¡Qué barbaridad! ¡Cuánto tiempo ha pasado!

El viajero, a fuerza de darle vueltas a la cabeza, se durmió ya de día y triste, muy triste, inexplicable e inútilmente triste.

* * *

Lés está en la lana —o la plana— por donde corre el último Garona español; por Lés, el Garona se siente menos apretado y marcha con mayor holgura y desahogo, con menor agobio y estrechez. El río pasa por en medio del pueblo, separando dos edades e incluso, también, dos actitudes. El lado derecho es el tradicional, el sosegado y conservador, y en él se encuentran las termas donde ya se bañaron los romanos y la fonda Talabart, mismo al pie del puente. El lado izquierdo vive de la carretera y tiene un aire cosmopolita y un sí es no es ajetreado e inquietante.

—Déme un bocadillo de jamón, más bien grande, y un vaso de vino.

El tabernero se llama Paul y es de Canejón. El pueblo de Canejón, no su término, tenía a principios de siglo ochocientos habitantes; ahora no llega a los ciento cuarenta. Canejón no tiene ni médico ni boticario y el cura se lo reparte con Bausén. Canejón es un pueblo histórico, que está herido **de ala. En Canejón se bailaba con mucho esmero el ball-pla** y el sount-trencat. En Canej, los domingos suena el nostálgico acordeón. Antes, cuando el pueblo aún era alegre y no se sabía moribundo, se celebraba la víspera de San Juan con muy pagano e ingenuo protocolo: el más joven matrimonio cortaba el haro, el árbol de la ofrenda, y lo plantaba en medio de la plaza para que lo enjoyasen los casados con el barroco y galán adorno de las flores del monte; un mozo se subía al haro y tres casadas portadoras de una guirnalda de flores campesinas lo asediaban cantando... Al viajero, la muerte de estos usos amorosos y antiguos le producen muy honda melancolía...

El zapatero de Chaussures Champs Élysées —¡qué rótulo botarate!— piensa, probablemente, que la nostalgia es una tara; a veces, donde menos se piensa, salta un peligroso zapatero con ideas propias.

—A este vaso de vino invito yo; los de Canején no somos como los de otros lados.

En Lés, la vieja lengua aranesa se va olvidando —el viajero piensa que por desgracia— quizá porque no es buena ni cómoda para vender souvenirs a los turistas franceses. En los muros en ruinas del castillo de los barones, los lagartos no entienden nada de lo que, entre tanta confusión, acontece. Y en el altar votivo del dios Lex —y en las piedras que festejaron a las ninfas del agua— la sabia y escamona raposa ve naufragar, quizá ya para siempre y sin remisión, el mundo campesino que le permitía vivir.

De Lés a Bossost, a contracorriente del Garona y con el río a la izquierda y pegado a la carretera, hay menos de media legua de andar. En un prado verde y luminoso del sendero del coll d'Endoleta, una mujer de Ginzo de Limia cuida dos vacas ubérrimas y cenicientas.

—¿Y cómo vino a dar hasta aquí?

—¡Xa o vé! ¡Cousas!

A levante, la central eléctrica, que vive de los restos de las escurridas aguas de Benós, alza su aparato ante la rústica serenidad del Pico Montlude. El viajero, con Llir persiguiendo moscas y espíritus puros por la cuneta, camina despacio y silbandillo, vagamente contemplativo y feliz, casi feliz (tampoco debe creérsele del todo).

—¿Toca usted la flauta?

—No, señora, y bien lo siento.

Bossost es el pueblo más grande de todo el valle; esto, al menos, es lo que le dice al viajero un cura muy leído y complaciente, al que consultó*. Bossost, sin embargo —y por fortuna—, no tiene ridículas hechuras de ciudad, sino un grato aire rural que lo hace especialmente amable y simpático; las calles están limpias y bien pavimentadas, y el comercio es próspero: con cuatro cafés y cuatro barberías, y lo demás a juego.

Al entrar en Bossost el viajero pegó un respingo —y también se sintió oreado por la brisa de una dicha antigua— ante las dos apocalípticas inscripciones que se enseñan en la fachada de un viejo molino (viejo de 1831, cuando todavía Fernando VII gastaba paletó). Ambas están escritas en castellano y la primera no pasa de ser una aleluya o un refrán rimado:

> En la casa que se jura
> no faltará desventura.

La segunda parece inventada por un Calderón de la Barca para pobres, por un Calderón de la Barca convaleciente de la meningitis:

---

* Según el nomenclátor publicado por la Dirección General de Estadística, en 31 de diciembre de 1940 Bossost tenía 727 habitantes de derecho y 539 de hecho; Lés, 710 y 614, y Viella, 637 y 661. Estos datos se refieren a las cabezas de cada ayuntamiento, no a sus términos municipales y, a tenor de ellos, el cura amigo del viajero tenía razón de derecho pero no de hecho (el orden de derecho es, en efecto, Bossost, Lés, Viella; pero el de hecho es exactamente el contrario), lo que siempre resulta peligroso. Es ésta de los tamaños, una cuestión en la que el viajero ni entra ni sale.

Es de fe, y Dios lo dice,
que la maldición del padre
y también la de la madre
destruye, seca y abrasa
de raíz, hijos y casa.

El viajero, arropado por un hálito folletinesco de padres
y madres maldecidores, y de hijos y casas destruidos, secos
y abrasados de raíz, tiene que hacer verdaderos esfuerzos de
la voluntad para no prorrumpir en estentóreos vivas a don
Manuel Fernández y González, el benemérito autor de El
pastelero de Madrigal y de Los desheredados.

—¿Toca usted la guitarra?

—No, señora; le ruego que sepa disculparme.

Bossost es la capital del Bajo Arán, del manso y dulce
Arán que se mira en el espejo de Francia. El viajero sabe de
sobra que toda comparación es odiosa, pero sin comparar,
tampoco tiene por qué callarse que —para su uso exclusivo
y su deleite— se encontraba más a gusto en el montaraz Alto
Arán de Tredós, todavía no hollado por la turbamulta de los
turistas, esa especie gregaria y confundidora. En la alameda de
la orilla del río, con sus tres filas de árboles poderosos, una
nube de franceses bebe gaseosa en el quiosco Garona —pintado de verde y colorado— y compra botas de vino adornadas
con calcomanías de toreros y de gitanas vestidas de faralaes.

—¡Viva España!

Un clérigo imberbe y jovencito, todo de blanco y tocado
con una boina descomunal, repiquetea las castañuelas con
entusiasmo.

—¡Viva España!

Una mocita de la excursión, rubita y tirando a gorda,
torea a su padre con un jersey.

—¡Viva España!

Una monja reparte pan entre los expedicionarios y, di-
rigiéndose al viajero (que a pesar de sus barbas tampoco

tenía demasiado aspecto de indigente), le da un pan para él solo.

—Se aprecia la caridad, hermana; que Dios se lo pague. ¡Viva España! ¿No querrían sacarme una fotografía? Puedo poner cara de subdesarrollado, si es ésa su voluntad, o de eternamente agradecido, a elegir.

Juan Van Halen, el aventurero liberal, es figura histórica que le cae especialmente simpática al viajero (quizás a través de las páginas del viejo don Pío); Van Halen, en 1842, regaló una figura de mármol al ayuntamiento de Bossost. El edificio del ayuntamiento está en la plaza; como la iglesia de Nuestra Señora de la Asunción, sobria y del siglo XII, con su reloj progresista escorado en el campanario. En la fuente de San Beat, el viajero ayudó al perro Llir a saciar su sed.

Cuando la muerte negra (quiere decirse la peste) asoló a Europa, los cristianos de Bossost ofrecieron levantar siete ermitas si los microbios respetaban el pueblo; al viajero, en su cuenta no le salieron más que cinco: la de la Virgen de la Piedad, en el camino por donde entró la noche anterior; la de San Roque, en las Cledas, donde el río se estrecha, al lado del casteret del bélico Azemario de Bossost, señor feudal que dictó su voluntad hasta el valle del Oeuil; la de los Santos Fabián y Sebastián, a los que se reza el 20 de enero; la de los Santos Ciriaco y Crisóstomo, y la de San Antonio, en el camino del Portillón, por donde suben y bajan los carabineros.

—¿Me da usted candela, por favor?

En Bossost hay bastantes andaluces: obreros de la mina de blenda Margalida y peones de las centrales eléctricas en construcción, sobre todo; los andaluces, desde que descubrieron que se podía salir del país y ganar jornales más decentes, no paran quietos. Por delante va uno, de escampavía; después, a poco que le salgan las cosas, pone un telegrama y le siguen todos los demás.

—¿Me da usted candela, maestro?

—Sí, tome usted.

El viajero y su perro Llir, cuando se hartaron de callejear, se metieron en la fonda Aranesa, en la alameda de los turistas y los souvenirs y al lado del café del Centro.

—Querría sopa y tres o cuatro chuletas de vaca, para darle la costilla al perro.

—Las chuletas de vaca se nos acabaron. ¿Las quiere de cordero?

—Bueno, pero entonces tráigame una docenita o docenita y media, según sean.

El café del Centro es una especie de consulado general de Andalucía; las fichas del dominó, retumbando sobre el blanco mármol mortuorio de las mesas, vibran con el mismo vibrar entusiasta que en Linares, en Baena o en La Carolina; entre el humo alimenticio del tabaco negro, se entona la apología del Betis F. C. —¡viva er Betis, manque pierda!— y en una mesa del fondo un mozo nostálgico canta por lo bajines el desgarrado cante de su tierra. El viajero no tiene cara de ajedrecista (sino más bien de picador retirado o de fraile de las misiones), pero por esas cosas que pasan, un joven que no era del país lo desafió a una partida de ajedrez.

—Hombre, ¡qué quiere usted que le diga!, yo sé poco más que los movimientos.

—No se preocupe; a mí me pasa lo mismo.

La criadita que reparte cafés —y anís, y ron escarchado, y coñac— a los clientes se llama Carmela y es de Córdoba; Carmela —que tiene el pelo negro, la tez blanca, la nariz graciosa, el mirar de bestezuela montuna y la sesera aplicada a más románticos menesteres— cumple con dejarse ver, con calma y de arriba abajo. Es norma de caballeros no ser jamás demasiado exigentes con las damas.

—Tráenos un ajedrez.

Carmela, según lo más probable, estaba distraída.

—¿Eh?

—Que nos traigas un ajedrez.

Carmela compuso un agradecido gesto de circunstancias,

un mohín ingenuo y oportuno que supo agradecerle quien le hablaba.

—¿Un qué?

—Un ajedrez, hermosa —le sonrió el viajero, para hacerse perdonar la insistencia.

—¿Un jerez?

—No, hija, un ajedrez. Te digo, ¿te enteras?, que nos traigas un ajedrez.

Carmela se incomodó; Carmela era una chica seria y poco amiga de bromas.

—¡Ande ya, y vaya usted a tomar el pelo a quien se deje! ¡Una servidora no es quién para traerle el señor juez a nadie! ¡Y menos a usted, tío barbas!

El viajero y el joven que no era del país se conformaron con tomar una copa de estomacal Puig, que es de color verde brillante, como la vacuna de la viruela, y está muy indicado para los estados depresivos, según dice la etiqueta.

—Para mí que no tienen ajedrez.

—Sí, lo más seguro.

El joven que no era del país esperó a que el viajero tomara el primer sorbo.

—¿Le gusta?

—¿La chica?

—No; el estomacal.

El viajero se predicó mesura.

—Hombre, ¡qué quiere usted que le diga! Me gusta, sí, pero más bien poco; vamos, casi nada...

El viajero, algunas casas más allá del café, se entretiene en ver trabajar a un barbero zocato; afeitar con la izquierda —como tirar penaltys o jugar al frontón con la zurda— es algo que desorienta mucho.

—¿Se va usted a servir?

—No, gracias; no gasto, según se ve.

En Bossost se habla un aranés muy puro y pronunciado, muy cadencioso y gentil; al viajero le emociona escuchar estas viejas lenguas que sirvieron para guerrear y amar, para pastorear y trajinar, para cazar y pescar, para rezar y vivir y morir, y que ahora, sitiadas por las lenguas fuertes y su inexorable tiranía, se guarecen en sus últimos valles y rincones para agonizar batiéndose en retirada. Quizá sea ley de vida y, bien mirado, al latín —que era más ilustre que el gascón— también se lo llevaron por delante.

A la caída del sol, el aire se revuelve y las nubes, empujadas por la balaguera —el viento que viene del sur, de Balaguer—, revientan en chispas y granizo. El viajero y el perro Llir se meten en una casa, huyendo del agua y sus inclemencias.

—Pase usted dentro, no se quede ahí.

—Muchas gracias. ¿Puede entrar el perrito? Es muy bueno y cariñoso.

—¿No muerde?

—No, señora; ya le digo, es muy bueno y cariñoso. Discurre más que muchas personas.

La señora está paralítica —lleva ya seis años paralítica, según le explica al viajero—, pero aparece aseada y pulcra, serena y animosa.

—Perdone usted que esté todo tan revuelto.

—No, señora; a mí me parece todo muy en orden.

La señora tiene los ojos azules y el aire distinguido, y se da algo de mano de gato en las mejillas; debió haber sido guapa, hace algún tiempo, y elegante.

—¿Es usted de Lérida?

—No, señora; yo soy de Padrón, donde apareció el cadáver del Apóstol.

—¿De San Pablo?

—No, señora; de Santiago.

—¡Ah!

La señora hizo sonar una campanilla de plata oscura, pequeña y de muy delicado tintín, y se presentó una criadita andaluza cortada por el mismo patrón que Carmela, la moza del café del Centro.

—Paquita, tráele un vasito de vino dulce y unas galletas a este señor.

El viajero hizo una reverencia.

—Muchas gracias, señora, no tenía por qué haberse molestado.

—No es molestia, caballero. Y además, la agradecida soy yo. ¡Si viera lo que me gusta hablar!

La señora sonrió, casi coqueta, y al viajero se le fue formando, en el cuévano donde se encuentran el alma y la garganta, una rara y caritativa sensación que le llevó a escuchar a la dama triste, a la dama discreta y contenidamente triste, durante cerca de dos horas. El viajero, en este tiempo, escuchó muchas cosas de labios de la señora enferma: que tenía un hijo en el Uruguay que cruzaba la mar cada dos años para pasarse quince días con ella, y una hija en París a la que veía cada seis o siete meses; que los barrancos que caen al Garona por Bossost —el Margalida, el Loric, el Crambes, el Barteges, el Baresta— llevaban agua todo el año y, a veces, mucha agua; que no quiere moverse de Bossost porque, ¿para qué, si no le quedan ya más que los recuerdos?; que al viento del norte le dicen torb, y al del este, d'autant. ¿Y al del oeste? Del oeste no sopla el viento porque Bossost está defendido por los montes. La señora también le dice al viajero que estuvo muy enamorada de sus dos maridos y que los dos fueron muy buenos con ella; que tiene tres nietecitos: Piedad, de cinco años; Antonio, de tres, y Asunción, de año y medio; que Bossost, oficialmente, se escribe con una sola ese: Bosost; que al juego que los franceses dicen pétanque, por aquí se le llama bula, y que ella suele cenar a las siete y media porque, ¿qué va hacer, si está sola?

El viajero, a las siete y cuarto se despidió y se volvió a la fonda donde había comido.

—¿Podré dormir aquí esta noche?

—Sí.

Al viajero tampoco le hubiera costado trabajo alguno

192

quedarse a dormir en el zaguán de la dama triste, para velar su soledad, y darle conversación, y tomarse una copita de malvasía y tres galletas cuando ella lo dispusiera. ¡En fin!

—¿Va usted a cenar?

—Sí, pero un poco más tarde. Ahora me voy a tomar una copita de malvasía, ¿tienen ustedes malvasía?

En Bossost se crían el cerezo y el peral y el manzano, tres árboles que el viajero siempre refiere a su niñez. En Bossost hay bosques y prados, y ruinas romanas en las que, escarbando un poco, salen monedas y otros vestigios y recuerdos. Por Bossost, en las luchas civiles del XIX, pasaron arreando estopa las partidas carlistas de Marimón y Casulleras, dos jeques románticos y sanguinarios que hacían la guerra por su cuenta. En Bossost, aquella noche, actuaban los cómicos; el papelito del programa era más bien amargo, sólo dulcificado por alguna que otra falta de ortografía:

Hoy lunes a las 10½ / En el Salón del Ayuntamiento / Presentación del Espectáculo / «TELEVISION» / y / CIRCO-VARIEDADES - IHPNOTISMO* - ILUSIONISMO / con / Mari Cruz Andrés / «Muñequita de la Canción» / Ramón García / Humorista y rapsoda / Miss Themis / «Medium» / Profesor León / «Ojos de acero» / Toni an** Lody / Clonx** parodistas / GRAN ÉXITO - EMOCIÓN - INTRIGA / MISTERIO - ALEGRIA / ESPECTÁCULO ALTAMENTE MORAL.

Debajo, separado de todo lo anterior por una rayita, y escrito en letra más menuda, figuraba el pie de imprenta del documento: Tip. Lacambra. Graus. Graus es un pueblo de la provincia de Huesca, en el partido judicial de Benabarre y sobre los ríos Esera e Isábena. La compañía del espectáculo

---

* —La hache de hipnotismo, como la hache de almohada, nunca se sabe bien dónde cae, ¿verdad, usted?

** —En Huesca no tienen por qué saber escribir el inglés, ¿verdad, usted?

Televisión estaba formada por dos hombres y dos mujeres: el Profesor León, Ojos de acero, era el jefe de la troupe y, antes de la guerra, había sido mocho del monasterio de Montserrat; el Profesor León, Ojos de acero, cuando dejó de ser criado de frailes, anduvo dando tumbos hasta que se dedicó al arte; el Profesor León, Ojos de acero, presentaba el acto vestido con un chaquet de la guerra del 14, y además hipnotizaba a Miss Themis y hacía el papel de Toni en la pareja de payasos; Ramón García, humorista y rapsoda, era también Lody, el otro clown; Mari Cruz Andrés, Muñequita de la canción, cobraba la entrada (un duro por persona; niños y militares sin graduación, dos pesetas; carabineros y familia, de balde) y subastaba las tiras de naipes de la rifa de una botella de coñac o anís, a elegir; Miss Themis se limitaba a adivinar (no siempre) el pensamiento. Un acordeonista cojo y reclutado entre el paisanaje toca C'est si bon sin demasiado entusiasmo. El viajero se aburre y se va a dormir con su perro detrás, como una sombra.

ADIÓS AL VALLE DE ARÁN Y SALIDA
AL SEÑORÍO DE ERILL Y AL CONDADO
DE RIBAGORZA

Por la derecha se va a Francia, salvando el Portillón, y por la izquierda al grueso de España, colándose por el túnel de Viella. El día está lloviznoso y medio triste y el viajero, que quizá guarda un barómetro en el corazón y no lo sabe, no camina alegre sino como agobiado por un mal presagio.

—¡Afuera los pensamientos taciturnos! Llir, no te alejes demasiado.

El Garona marcha a la izquierda del camino y, poco antes de La Bordeta, salta al otro lado, del que ya no se moverá hasta Viella; La Bordeta es caserío de Vilamós, el pueblo de Remigio Rosell, perito en los cien pasos de Francia y en los mil senderillos de la lealtad. En las tres o cuatro casas de La Bordeta viven una docena de personas y un gato atigrado al que Llir persigue casi con ira.

—¡Pero, hombre, Llir! ¿Qué es esto? ¿Por qué te has enfurecido de repente?

A la altura del río Jueu y de la aldea de Arró empieza la lluvia a pegar a modo, y el viajero, que no tiene ganas de mojarse, para una camioneta que marcha a saltos, atiborrada de cerezas hasta los topes.

—¿Va usted al túnel?

—Sí; voy hasta Barbastro.

—Me vale. Hay un puro por dejarme a la salida del túnel.

—¿Y por el perro?

—Otro puro.

—Hace.

El chófer de la camioneta no es aranés, que es aragonés de Monzón, más allá de Barbastro.

—¿Conoce usted mi pueblo? Es muy hermoso y bastante grandecito, no es porque servidor lo diga.

—Sí; yo soy amigo de un talabartero que se llama Nicolás, una vez le compré unos guilindujes para un caballo que tenía el cura que me cristianó.

—¿Quiere usted mentar al Nicolás Andréu, el maestro guarnicionero?

—Sí.

Les Bordes queda a un lado y Benós, Begós y Arrós, al otro; viajando en camioneta se avanza mucho, ¡buena diferencia! Sobre el camino se dibuja Pont d'Arrós, con la fonda de Toribio Arró ya casi terminada. El perro Llir va algo escamado y receloso; a lo mejor se acuerda del 2 CV del sacristán y de sus encierros. Aubert queda entre montes de abetos, y Betlán, en el camino de Montcorbau, esconde sus escasas carnes a la vera del camino.

—Todos estos pueblos son muy ruines, ¿verdad, usted?, son muy poca cosa. ¡Buena diferencia con mi pueblo! ¿Verdad, usted?

Desde Vilac, en su repecho, se ve Mig Aran y, en el fondo de la cazuela, el racimo de casas de Viella.

—Eso ya es otra cosa, pero tampoco es para tanto, ¿verdad, usted?

El chófer de la camioneta se llama Pedro.

—Pedro Puyuelo Cazcarra, para servirle; mis amigos me dicen Perico, a mí no me parece mal.

Para Pedro Puyuelo Cazcarra, Perico, patriota de Monzón, provincia de Huesca, no hay tierra como la suya (ni fruto como el madroño, ni estropajo, etc.); el viajero es muy respetuoso con los patriotismos (ya no lo es tanto con los nacionalismos, etc.).

—¿Paramos un poco, para que la franchuta se refresque?

—Como guste.

La franchuta es la camioneta de Pedro Puyuelo Cazcarra, Perico, una vieja Berliet que polleó cuando la Dictadura y a la que remozaron, carrozándola a golpes de pura artesanía, en el taller de Melchor Torres, en Monzón.

—¿Y por qué le llama usted la franchuta?

—¡Hombre! De alguna manera tenía que llamarla, ¿verdad, usted?

Llir, en cuanto la franchuta se detuvo, se echó afuera y se fue a dar una vuelta por el pueblo poniendo cara de inspector; los perros son animalitos muy ordenancistas y consuetudinarios que recuerdan siempre lo que han conocido una vez, y a los que gusta ver todo en orden y como Dios manda. Pedro Puyuelo Cazcarra, Perico, y el viajero entraron en una taberna a tomarse un par de vasos. Antes, Pedro Puyuelo Cazcarra, Perico, levantó el capot a la franchuta para que se refrescase más de prisa y a gusto.

—La franchuta es muy agradecida, ya me lo dijo el Antoñejo, el de doña Pura, cuando me la vendió. ¿Conoce usted al Antoñejo, el de doña Pura? El Antoñejo es de Tamarite de Litera, al lado de mi pueblo; la doña Pura murió hace cosa de dos años, era ya muy vieja y además la atropelló el tren. A la franchuta, un servidor la cuida con mucho miramiento: le doy toda el agua que requiere, la dejo descansar, la llevo siempre con el aceite a nivel. Cuidándola un poco, tengo franchuta para toda la vida; ya me lo dijo el Antoñejo, el de doña Pura. ¡Pobre doña Pura! Si no la mata el tren, la doña Pura hubiera cumplido cien años. ¡Mala cosa, esta de los atropellos!, ¿verdad, usted?

—Pues, hombre, sí.

Pedro Puyuelo Cazcarra, Perico, era un dialéctico incansable; cuando empezaba a hablar, no había quien lo parase.

—¡Qué barbaridad! ¡La cantidad de gente que atropella el tren, al cabo del año! ¿Hace otro vasito? Espere usted, que voy a por unas cerezas, para picar... ¿Y de los camiones? ¿Qué me dice usted de los camiones? ¡Qué barbaridad! ¡La cantidad de gente que atropellan los camiones, al cabo del año! ¿Y animales? ¡Huy! ¡Animales, a cientos! Animales de todas clases: perros, gatos, pollos, ovejas, tocinos, caballerías..., ¡de todo!

Viella, bajo la lluvia, cobra un impreciso aspecto funerario y patético, desmayadamente patético, con el agua escurriendo por los pinos y negruzcos tejados, y las calles vacías y solitarias bajo el cielo color panza de burro.

—A mí que no me digan, pero ¡donde esté el sol de Monzón!

Cuando el perro Llir regresó de su descubierta, Pedro Puyuelo Cazcarra, Perico, puso en marcha a la franchuta, le echó agua en el radiador y le bajó el capot, que sujetó con un candado grande como un cencerro.

—Esto es para que los jodíos muchachos no echen arena dentro. ¡Los hay que son mismo de la piel del diablo!

Pedro Puyuelo Cazcarra, Perico, no era partidario de que los muchachos anduvieran hurgándole en la franchuta.

—Cada cual defiende lo suyo, ¿verdad, usted?

—Claro.

Pedro Puyuelo Cazcarra, Perico, dio la orden de echarse otra vez a la carretera; el que manda, manda, y al mandado no le queda más que obedecer. El viajero, ni para frenar al destino ni cáscaras, que al destino —cuando se arranca— no lo frenan ni la paz ni la caridad, sino porque era su gusto, invitó al último vaso.

—¿Hace la espuela?

—Hace.

La carretera deriva a estribor para acercar el mundo a los caseríos de Gausac y Casau; después enfila la artiga del río Nere y, siempre al lado de las aguas y en soledad, llega hasta la boca del túnel.

—¡Qué triste es esto!, ¿verdad, usted?

La artiga del río Nere es profunda y umbría y soledosa: como el lejano y frío eriazo que se levanta donde crían los últimos lobos y el valle tropieza con los montes.

—¡Mire usted que decir Nere en vez de Negro, como todo el mundo! ¡También son ganas de hablar mal!, ¿verdad, usted?

Desde Viella hasta el túnel hay poco más de siete kilómetros de remordedor aburrimiento. Hace ya más de un siglo —hace ya siglo y cuarto—, don Pascual Madoz defendió la solución del túnel de Viella para comunicar a Francia con España por el Pirineo central e incorporar, de hecho, a la tierra aranesa, que no era española más que en el papel. También tuvo sus defensores el trazado por el puerto de Clarabide, para caer a la plana de Ainsa, en Huesca; este camino hubiera sido de muy duro perfil en su vertiente española, sobre los barrancos del río Cinca y de su afluente el Cinqueta, y más difícil y costoso; de otra parte, la ruta por Ainsa seguía dejando al valle de Arán fuera de la red de comunicaciones de España.

El proyecto que defendía Madoz era de los ingenieros franceses Auriol y Partiot y, en sus grandes líneas, fue el que acabó prosperando. La carretera —nos dice don Pascual Madoz— supone la perforación del Pirineo por la cresta de Viella o garganta del Toro, en que debe abrirse un túnel de 2.906 metros, con 1.579 metros sobre el nivel del mar. El lugar por donde se acabó haciendo es, más o menos, el entonces previsto. El túnel tiene cinco kilómetros y sus bocas están, la norte a 1.400 metros, y la sur a 1.635. En lo que sí se equivocó don Pascual fue en la previsión del tiempo necesario, ya que calculó que podría terminarse en tres años y setenta días y pasaron más de cien hasta que se le desolló el rabo. El túnel de Viella es el respiradero español de Arán, practicable —salvo meteorologías y otros desmanes— en todo tiempo*.

Poco antes de entrar en el túnel, la carretera se cierra en una curva pronunciada que desnivela al perrillo Llir.

—Ten un poco de paciencia, hombre, que ya falta menos. Dentro de nada volverás a correr por el monte como una liebre.

El viajero miró para su amigo Pedro Puyuelo Cazcarra, Perico, y procuró sonreír.

—Este perrillo es medio liebre; sólo le falta comer cantueso.

La lluvia arreció de firme y la franchuta, resoplando como una bestia cansada, enfiló la última recta de la carretera.

—Se porta bien la franchuta, ¿eh?

—¡Ya lo creo!

Antes de entrar en el túnel, Pedro Puyuelo Cazcarra, Perico, habló con la persuasiva voz de las tentaciones.

—Véngase hasta Pont de Suert; con la que está cayendo, ¿qué va a hacer usted por aquí?

El viajero, ¡nunca lo hubiera hecho!, pensó que su obligación era seguir andando, con Llir en compañía y un pie tras otro pie, por las cortadas y las trochas, los prados y las aldeas y las ciudades que la brújula de San Cristobalón, la rueda loca de la fortuna y del infortunio de los andariegos, le deparara.

---

* El viajero escribe estas líneas el día 30 de noviembre de 1963, a distancia de su excursión y apoyado en la memoria y en los apuntes que fue tomando por el camino. Pues bien; el día antes, el 29, leyó en los periódicos la siguiente noticia de la Agencia Cifra: «Tremp (Lérida), 28. — A causa de la nevada caída ayer, el Valle de Arán se encuentra incomunicado por la carretera de la Bonaigua, que era la única accesible, ya que la del túnel de Viella continúa cortada a consecuencia de la reciente riada que arrastró los dos puentes provisionales que habían sido construidos a raíz de la avenida del 3 de agosto, etc.». Al viajero se le antoja grave síntoma de muy amarga e impolítica desidia el que un trozo de España pueda ser separado de España por el mal tiempo. Las palabras nevada, riada, avenida y puente provisional son subterfugios de derecho administrativo, cuyo empleo debiera prohibirse por la ley.

—Gracias; prefiero seguir a mi paso. Si me eché al camino fue para tomar la vida con más calma, según pienso que debe vérsele venir.

—Como guste.

También antes de entrar en el túnel hay un puesto de control.

—Achante la guita, maestro; con esas barbas no tiene usted pinta de ayudante.

Dentro del túnel llueve igual que fuera; se conoce que la tierra es muy permeable y deja filtrar el agua.

—Aquí llueve siempre; unas veces más y otras menos, pero siempre.

A los diez minutos aparece la boca sur del túnel, con el agreste país del Ribagorzana detrás.

—Ya estamos.

—Sí, ya lo veo.

Igual que en Viella, el perro Llir, cuando la franchuta se detuvo, se echó afuera. El viajero no lo vio, pero lo adivinó.

—¡Llir!

Un turismo que venía en dirección contraria le dio un golpe y lo dejó tendido al borde de la cuneta.

—¡Llir!

El viajero y el mozo Pedro Puyuelo Cazcarra, Perico, corrieron en su ayuda.

—¡Llir! ¡Despierta, Llir! ¡Mírame, Llir! ¡Toma este hueso, Llir!

Pero Llir, perrillo vagabundo, ni despertó, ni miró para el viajero, ni olió el hueso recién nacido no más que en la voluntad de su amo. Llir, perrillo trotamundos y sentimental, estaba muerto; sin una sola gota de sangre al aire, pero muerto.

Pedro Puyuelo Cazcarra, Perico, guardó un piadoso silencio mientras el viajero, envolviendo al muerto Llir en su capote, le suplicó la última hospitalidad.

—¿Puedo ponerlo en la franchuta hasta que se enfríe?

—Sí.

—Es que no sé lo que me da enterrarlo caliente, ¿sabe, usted?

—Sí.

El viajero y su amigo Pedro Puyuelo Cazcarra, Perico, paladín monzonés y de muy nobles sentimientos y temperamentos, pasearon bajo la lluvia en soledad.

—Está saliendo bueno el caldo de gallina, ¿verdad, usted?

A mano izquierda de la boca del túnel se levanta el Hospital de Viella, que está ya en la ladera sur del Pirineo y en la vertiente del Noguera Ribagorzana, pero que, a los artificiales efectos burocráticos, es aún tierra de Arán. El viajero procura alejar de su cabeza las ideaciones amargas, el remordedor pensamiento de que nada hubiera acontecido de haberse andado, según fuera su primer propósito, el puente de la Pamarola y el camino de la Sarraera, la cruz de los Dos Hermanos y la Font Freda, la roqueta Roia y el coll del Toro y las rápidas curvas de la Girosa. Ahora ya es tarde para la lamentación de lo que no se hizo.

—¿Me da usted fuego? Se me mojaron las cerillas, lo mejor va a ser tirarlas.

Los dos hombres, al pie de un árbol muerto por el rayo, dieron sepultura a Llir, el tierno gozque errabundo que tanta lealtad supo esconder en su parado corazón. Después, el viajero, para que las alimañas del monte no disputaran su presa a los gusanos de la muerte, lo tapó con dos piedras con las que casi no podía.

—Gracias, Perico; buen viaje. Espere usted que busque en el morral, lo prometido es deuda. Este puro es mi precio; este otro, es el precio de Llir... A lo mejor, algún día, volvemos a encontrarnos; yo suelo rodar bastante de un lado para otro.

Sobre el país de Ribagorza las nubes vaciaban su llanto sobre la tierra. El viajero, por el camino abajo —con el tozal de Fontana a la derecha, y el pico de la Condesa a la izquierda— y sin volver la cara, empezó a andar. El viajero —el hombre al que se le habían mojado las cerillas— no pudo encender el cauteloso cigarro de la soledad.

TERCER PAÍS

EL CONDADO DE RIBAGORZA

Guarda corderos, zagala
Ribagorzana,
              y amor,
Que quien te hizo pastora,
Señora,
              silvestre flor,
No te excusó de mujer.

                              ¡El clavel!
                                   ¡Sólo el clavel!
                              ¡Mozo pastor del condado,
                              Enamorado!
                                         ¡Al clavel!
                              ¡Vístela con el clavel
                              Y desnúdala con él!

¡Olorosa clavellina,
La fina
         rosa temprana,
Jazmines a la mañana
Para ti, ribagorzana!
¡Serrana! ¡Ay, la flor lozana!

A tu ventana,
         el amor,
Comienzo de mi dolor,
¿Por qué ventura me tiene
Y me mantiene?
              El favor
Que pido en ti misma está.

                              ¡El aire!
                                   ¡Tan sólo el aire!
                              ¡Mozo gañán del condado,
                              Enamorado!
                                        ¡En el aire!
                              ¡Vístela al cristal del aire!
                              ¡Que te la desnude el aire!

Guarda los lobos, galana
Ribagorzana,
              y amor,
Que quien te hizo, señora,
Pastora
         de mi querer,
No te excusó de mujer.

Romancillo compuesto por Lope de
Vega, Góngora, Alonso Núñez de Rei-
noso, uno que no se recuerda y C.J.C.

CONSIDERACIONES SOBRE LA LENGUA, ESA LLAMITA DEL ESPÍRITU, Y DESCUBIERTA POR EL VALLE DE BICIBERRI

El viajero, con la lluvia mojándole la badana del alma, rompió a andar. Lo malo de la vida es que, a veces, hay que vivirla a contrapelo del corazón; bien mirado, también esto es lo bueno que la vida tiene. El viajero recuerda que en el Libro de las mil y una noches se lee que la vida no es más que un vuelo de abejorros hirviendo sobre la punta de una lanza. De cuando en cuando, un abejorro se cansa de volar y cae, escurriéndose por la lanza abajo, hasta el santo suelo, sobre los jaramagos y las yerbas sin nombre que dan sombra a los muertos.

La carretera baja por la margen derecha del río, por la antigua y bélica y ventilada tierra de Aragón. El viajero, para olvidar su soledad, busca la soledad del camino que, por la orilla contraria, salta el barranco del Hospital, a la sombra del tuc Comptessa y del verdinegro bosque que lo adorna; en catalán arcaico, comtessa se escribía añadiéndole una p (comptessa) o descabalgándole una s de las dos que tiene (comtesa). El viajero ignora qué condesa recuerda el alto monte; hasta el asesinato del conde Bernardo, en el año 872, los títulos de conde de Ribagorza y de conde de Pallars pertenecían a los condes de Tolosa; de Ramón, como conde independiente, se guarda recuerdo histórico desde el 884. Entre el naipe de las condesas de aquel tiempo piensa el viajero que debe buscarse, quizá, la condesa bautizadora de montes.

En una peña pelada, un coro de grajos —el pájaro que, aun vestido de luto, toma a cachondeo los más solemnes trances— se ríe a carcajadas del día que va cayendo pausado y triste como un anciano; el viajero, para no espantarlos en su montaraz jolgorio, cruza por el camino como en penitencia y casi sin levantar la vista. El viajero, contrariamente a lo que se estila, declara ser amigo de los grajos, a los que se figura tataranietos por detrás de la iglesia de aquel cuervo panadero que socorrió las hambres del ermitaño San Pablo, en la Tebaida, durante los cien años que ayunó. A principios del siglo XI, el condado de Ribagorza —y el de Sobrarbe— fue bebido por el pamplonica Sancho III el Mayor, soldado sediento de vano poder terreno y fugaz gloria militar al que no le valieron ni el poder ni la gloria para escaparse de terminar criando malvas como cualquier perrillo vagabundo. El rey Sancho era descendiente de doña Dadildis de Pallars, y su mujer, doña Munia, era nieta de doña Ava de Ribagorza.

A menos de medio camino entre el barranco del Hospital y el de Biciberri queda, al otro lado del Noguera Ribagorzana, el paraje que dicen el Santet, con su fuente santa y milagrera que detiene los alborotadores escapes del bandujo; el viajero, que —gracias sean dadas a San Cirilo, santo mártir a quien los gentiles vaciaron el vientre y patrono de estitiqueces, flojera de muelles y otros torcijones y trastornos— rige como un reloj, no tuvo precisión de pasar a la banda contraria; al viajero le va bien cualquier agua, aunque, por lo común, prefiera el vino, que es más higiénico y sabroso.

Por el cielo de Huesca, pintando espiras ante el telón de fondo de los montes Malditos, un águila imperial y orgullosa perdonaba la vida al mundo.

—¿Va usted muy lejos? —se preguntó el viajero a sí mismo, por entretenerse.

—Pues, no; muy lejos no he ido nunca, ésa es la verdad.

206

Los andariegos no vamos sino hasta donde las piernas nos llevan, que es siempre cerca, más cerca de a donde quisiéramos llegar.

A menos de media legua, sobre poco más o menos, de la boca del túnel de Viella aparece el barranco de Biciberri (o Beciberri o Bizberri, a elegir), con su chozo en el que se puede uno guarecer a buen recaudo y seco y sin frío.

El viajero, que no tenía el ánimo alegre, sino salpicado de tristura, entró en el chozo, se tumbó arrebujado en el capote y se quedó dormido antes aún —y por fortuna— de lo que pensara.

A punto de ser de día, al viajero le despertó el templado canto de una moza que cruzó por la senda, igual que una fantasma, sin dar la cara. Con menos amargura colgándole, como una araña maligna y saltarina del lacerado temple, el viajero —galán cumplido— hubiera asomado los hocicos al fresco aire de la amanecida, por ver y sopesar (respetuosamente, que a la fuerza ahorcan a los presumidos) las hechuras de la dueña de tan entonada voz. Pero el viajero, con el corazón pintado de dolor reciente, cerró los ojos para mejor abrir los oídos y esperó a que la montaña se tragase las armonías que jamás pensó que pudieran llegar a ser suyas (aunque cosas más raras se han visto).

El condado de Ribagorza —caviló el viajero por distraer su orfandad— coincide, más o menos, con la cuenca del Noguera Ribagorzana, desde los montes Malditos hasta la sierra del Montsec. El señorío de Erill se ajusta, también más o menos, al valle de Bohí y reparte su historia a una y a la otra orilla del Noguera de Tor.

El viajero, que la noche anterior, antes de tumbarse a dormir, había extendido sus cerillas mojadas sobre el seco poyo de piedra del apagado pero casi tibio hogar del chozo, consiguió recuperar seis o siete, con las que, hasta mejor avío, se fue arreglando. Cuando vio arder la primera llamita y pudo desayunar de pitillo de picadura, que es de mucho alimento, el viajero pensó que el nuevo día señalaba los augurios, si no felices, sí, al menos, no tan agobiadores.

El condado de Ribagorza, para algunos peritos en medievalismos, quedaba a poniente del Noguera Ribagorzana —que lo separaba del señorío de Erill y del condado de Pallars— y limitaba con el condado de Comminges, al norte; los valiatos de Lérida y Huesca, al sur, y el condado de Sobrarbe (mejor sería decir: el reino de Sobrarbe), al oeste; en el reino de Sobrarbe se crio el huevo de los fueros navarros y aragoneses. La tierra de Arán fue siempre azotada frontera que cambió de manos muchas veces.

Buceando en su macuto, el viajero pescó un pan y una lata de sardinas. El pan mojado queda bastante bien y comestible medio asándolo, a punta de machete, en las brasas. Y las sardinas fritas en su propio aceite y en su misma lata (que como trae de más, se puede achicar con pan, que no está el horno para bollos ni otras alegrías y desperdicios) son almuerzo sabroso y de fundamento.

El condado de Ribagorza, para otros autores no menos ilustres, cabalgaba a caballo del río y comprendía, siempre más o menos, los actuales términos de Barruera (con lo que se tragaba medio señorío de Erill), Durro, Villaler, Espluga de Serra, Llesp, Malpàs, Pont de Suert, Sapeira y Viu de Llevata, en lo que hoy es provincia de Lérida y, en lo que ahora es provincia de Huesca y citados por el orden del abecé, los de Aguinalíu, Arén, Benabarre —que era su capital—, Beranúy, Betesa, Bonansa, Bono, Cajigar, Caladrones, Calvera, Caserras del Castillo, Castanesa, Castigaleu, Cornudella, Espés, Fet, Gabasa, Güell, Juseu, Lascuarre, Laspaúles, Luzás, Monesma (lugar del ayuntamiento de Ilche), Montanúy, Montañana, Neril, Pilzán, La Puebla de Roda, Purroy de la Solana, Roda de Isábena, Santoréns, Serradúy (no es entidad de población sino ayuntamiento formado por los lugares de Barrio del Pou, que es la capital, y la Vileta, y la aldea de Riguala), Sopeira, Tolva, Torre la Ribera y Viacamp

y Litera (que forman, entre ambos, un solo ayuntamiento);
por todos estos pueblos se sigue hablando el catalán: mejor
o peor, ya que, en estas zonas de fricción de lenguas, las lenguas se despedazan —o se liman— al convivir e influirse re-
cíprocamente*. El fenómeno del bilingüismo —a lo que el
viajero arbitra en sus soliloquios— suele caracterizarse más
por el aproximado conocimiento de dos lenguas que por el
puntual uso de una sola de ellas; el bilingüismo es fruto que
nace como la yerba borde, sin que nadie se cuide de su buen
concierto, y con él sufren —que no gozan— las dos lenguas,
quienes, en su estéril dolor, engendran monstruos. El viajero

---

* Para quienes, como él, son aficionados a estas cuestiones, el viajero
arbitra poner aquí —con algunos breves comentarios— la ortografía
catalana de los nombres que ofrecen variante. En el texto van citados
(los pueblos que caen en tierras de Huesca) por su denominación oficial,
aunque el viajero se reserve el derecho de suponer que esta denominación
oficial venga a resultar, con frecuencia, disparatada. Son los siguientes:
Aguilaniu, que significa nido de águilás; no deja de ser curiosa la meta-
tesis que condujo al falsamente castellanizado Aguinalíu, que nada quiere
decir. Arén es traducción al oído, u onomatopeya, de Arenys de Noguera;
tal como lo dejaron, ya va listo. En Benavarre, la variante es puramente
ortográfica, Calladrons, Casserres, El Güell, Montanui, Nerill y Purroi
se convirtieron, también de oído y no del todo afinado, en Caladrones,
Caserras (se le añadió: del Castillo), Güel, Montanúy, Neril y Purroy
(se le añadió: de la Solana). Gavassa, con v y con doble s, es topónimo
que deriva, probablemente, del radical prerromano gab, frecuente en la
geografía pirenaica e italiana; con b y con una sola s, gabasa es sinónimo
de bagasa (Diccionario de la Real Academia Española), y bagasa, con
perdón sea dicho, vale por ramera: «Era de pocco seso, façie mucha lo-
cura, / Porque lo castigaban non avie nulla cura: / Cuntiol en est comedio
muy grant desaventura, / Pario una bagassa dél una creatura» (Gonzalo
de Berceo, Milagros de Nuestra Señora). El viajero se permite sospechar
que el pueblo perdió con el cambio de ortografía: aún puede, si se lo
propone, desandar lo andado, que nunca es tarde si la dicha es buena. A
Llasquarre se le descabalgó una l de la ll inicial y se le cambió la q por
c. A Lliterà se le quitó el acento y se tradujo por Litera. Lluçà, nombre
que viene del latín Lucius, se convirtió en Luzás por la misma razón que
Pilçà paró en Pilzán. Les Paüls derivó hasta Laspaúles. Queixigar, que
pudo quedar en quejigal, terreno poblado de quejigos, pasó a Cajigar,
que viene a ser lo mismo. Y a San Orencio, mártir oscense con cuyo nombre
bautizaron sus paisanos del Ribagorza al pueblo de Sant Orenç, se le
perdió la memoria —y el respeto— con la forma oficial de Santoréns.

sospecha que es ingenuo pensar en la derrota de las lenguas. La lengua, que es la primera y más inmediata llamita del espíritu, es algo demasiado sutil para que puedan aplicársele términos y condiciones más propios de jugadores de dominó y sus lances. Las lenguas nunca son derrotadas como pudiera serlo un gladiador; obsérvese que hasta los más cruentos fracasos de los hombres y sus instituciones no llevan jamás aparejada la derrota de la lengua. El alemán, por fortuna y a pesar de todas las barbaridades que en alemán se cometieron, continúa hablándose y de él cabe esperar que sirva para seguir viviendo y muriendo, para seguir cantando y componiendo poesías, para seguir expresando teoremas físicos o postulados filosóficos. Las lenguas no mueren como el animal, por causas inmediatamente fisiológicas, ni como el hombre, por razones morales o políticas, sino que se transforman —igual que las nubes cambian su silueta— por sinrazones poéticamente imprevisibles. El viajero cree que para que los catalanes, por ejemplo, hablasen mejor el castellano sería prudente que en las escuelas, además del castellano, se les enseñase también el catalán. El amor que el viajero siente por el castellano (y supone, el viajero, que ha de reconocérsele), no sólo es compatible con el respeto que le producen el catalán y cualquier otra lengua, sino que, en cierto modo, hasta es condicionado por la evidencia de esas mismas lenguas y por el reconocimiento que pregona de su realidad, gloriosa siempre y, a las veces, heroica. El castellano es la lengua que los españoles no castellanos —que formamos legión y somos mayoría— admitimos como común y apta y suficiente para entendernos entre todos; la denominación de lengua oficial —aunque lo sea— es impopular y le perjudica en el afecto de los no castellanos. El viajero, para decir lo que dice, parte del supuesto de que en España, país de múltiples susceptibilidades a flor de piel, no es saludable sembrar la susceptibilidad.

Cuando el viajero terminó de apuntar sus empachosas erudiciones y sus patrióticas filosofías (sépase, ya de una vez y para siempre, que el viajero se proclama patriota y se declara no nacionalista*), ya el sol, igual que un toro orgulloso, llenaba el monte con su descarado y saludable poderío. El país de Ribagorza, piensa el viajero para poner punto a sus cavilaciones, llega hasta las puertas de Lérida, y el Alto Ribagorza viene a ajustarse, dicho sea un poco a ojo, con el condado. El viajero, de esta descubierta, no ha de patearse más que la margen izquierda del río. El viajero tiene para sí —y no se cansa de repetirlo— que la división administrativa de España, cocida en abstracto, hace ya muchos años y de espaldas a la múltiple y viva y escurridiza realidad española por los funcionarios de Madrid, es falsa y artificial, pintoresca y caprichosa, pero el viajero, a sus efectos de hoy, ha de admitirla, ya que el no hacerlo le llevaría lejísimos de su actual intención: caminarse el monte y contar, a la pata la llana, lo que va viendo. Sobre la división de España ya discurrió, a veces y como de pasada, y piensa seguir haciéndolo en más concreta ocasión, si llega a presentársele.

El chozo donde el viajero pasó la noche queda en la confluencia del barranco de Biciberri con el Noguera Ribagorzana, al norte del ángulo recto que forman la orilla de estribor del barranco y la de babor del río.

En el valle de Biciberri no habita el hombre, que viven el rebeco y el pájaro, el manso árbol y el agua en libertad, la yerba montesina y la flor silvestre, la náyade de las fuentes y el burlón trasgo que se agazapa, igual que un ciempiés risueño, debajo de las piedras. En el valle de Biciberri no hay una sola casa; el viajero se imagina que el valle está todavía en el primer y glorioso instante de la Creación, cuando el

---

* El viajero entiende que el patriotismo es la noble actitud que lleva al hombre a amar el lugar en que nació, al paso que el nacionalismo —que, en cierto modo, no es sino la cáscara de vano oropel del patriotismo— arrastra al hombre a suponer que el lugar en que nació es el mejor del mundo.

hombre, aquella purísima bestia, ignoraba el pecado y los ángeles desobedientes no formaban aún su casinillo en el infierno. Por la senda que marcha a orillas del barranco —a la derecha hasta medio camino del estany Grande de Biciberri (o Biciberri Inferior), y a la mano contraria después y hasta el estany Pequeño de Biciberri (o Biciberri Superior)— el viajero, entre cascadas rumorosas, flores bellísimas y abetos de color gris tierno, empieza a andar, de cara al sol que nace y dando la espalda al Noguera Ribagorzana, con el ánimo reconfortado por el silencio y su disfrute en paz y buen sosiego. El bosque se va espesando, diríase que con solemne conciencia de que lo hace, a cada paso del viajero, mientras que por el aire, como un anuncio de la confianza, vuela —solitaria y displicente como una reina— la elegante y brava y poderosa paloma torcaz. El bosque del vallecico de Biciberri quizá sea el más selvoso y natural, el más romántico y recoleto de todos cuantos rincones se lleva andado el viajero en su paciente tobogán pirenaico. El valle de Biciberri limita, al norte, con el barranco del Hospital, el bosque de Conangles y los picos que dicen tuc de la Comptessa y tossal dels Llacs; a levante con los tres picos Biciberri, el Norte, el Falso y el Sur, que es el más corpulento de los hermanos; al sur con el pic dels Avellaners y la punta Senyalada, y al oeste con la corriente del Noguera Ribagorzana, que baja del pico Mulieres, en el paredón de la Maladeta. El viajero, recitando a fray Luis (por ver de avivar un poco las buenas inclinaciones), se llegó hasta el chorro por donde escapa el lago y, ¡nunca lo hubiera hecho!, se lavó sus enteros cueros en las aguas que, de tan puras y frías, cortaban como navajas de afeitar. Cuando reaccionó, al rato de brincar dando envidia a las más ágiles cabras y de sacudirse correazos igual que un penitente, el viajero, postrado de rodillas, puso al cielo por testigo de que jamás volvería a ducharse en las aguas que mejores fueran para los peces que no para los cristianos, por mugrientos que el uso (y el inclemente paso del tiempo) los tuviere; por ahora

—y han pasado ya seis años desde entonces— el viajero no incumplió su promesa.

El lago Grande de Biciberri cría unas truchas gordas y confiadas, mansas y bucólicas como merluzas; cuando los pescadores las zurren, se volverán atléticas y recelosas, bravas y épicas. El viajero, aunque no ignora que lo prohíbe la ley (y piensa que la ley ha de perdonarle la acción a la que le empujó la gazuza, que no el afán de lucro), buscó un restaño suave y, a pulso y sin mojarse más que medio brazo, pescó dos truchas medianas que, sobre pintarle el paladar de gloria, le sacaron de apuros. Los pescadores y los guardas forestales saben que es arte vedada por demasiado fácil y devastadora; lo único que se precisa es algo de rapidez coronando a un poco de paciencia, tampoco demasiada.

—¿Y no está avergonzado de lo que hizo?

—Pues mire, usted: no, más bien no; si las truchas las hubiera pescado para venderlas, ya sería otra cosa. La ley de Dios permite a los hambrientos comer de lo que Dios dispuso para ser comido, y la ley de los hombres, créame, es muy ridícula y cicatera, muy revisable y para andar por casa. Mi conciencia bien tranquila está.

El viajero, en un lastrón que queda por debajo del lago, asó una trucha a lento fuego de yerbas aromáticas y, después de habérsela zampado chupando y rechupando deleitosamente hasta las espinas, se comió la otra de postre, cruda y como si fuera una manzana; el pescado crudo, si está fresquísimo, es una pura delicia del gusto. En el valle de Biciberri se pintan la fresa silvestre y la frambuesa montaraz, la zarzamora y la grosella, el avellano y el agracejo —al que algunos dicen agracillo— que cría la roja y brilladora baya que llaman agracejina y que sirve para hacer vino y compotas; la agracejina sabe un poco a limón y es muy suavizadora de los interiores. Al viajero le hubiera gustado saberse bien sabida la botánica para apuntar los nombres de todas las misteriosas plantas que fue viendo; fueron muchas y, a una pri-

mera. vista, muy variadas y el viajero, ante la mudez a que le
obliga su ignorancia, pide perdón por no haber estudiado para
boticario.

En el valle de Biciberri, angostado entre prietos montes,
el día muere joven y con muy clemente diligencia. El viajero,
antes de la media tarde, se llegó hasta una cueva que se abre
al otro lado del barranco, encendió un fuego a la boca, por
ver de calentarla un poco, se echó el capote por los hombros
y se sentó a esperar la noche que ya venía pintando de negro
los árboles y las aguas. El valle de Biciberri, poblado por
los huidizos fantasmas de la noche, no es menos bello que
a la tamizada luz del sol de las alturas.

LA POÉTICA Y FRÍA LINDE
DE LOS DOS CONDADOS

Al viajero le amaneció el nuevo día a orillas del segundo lago de Biciberri, donde el sendero que hasta aquí le trajo pega un respingo hacia el norte, a buscar el rumbo del estany Tort, al pie del tuc del Estany, en el camino de Artíes o de Viella. Por encima de las aguas y al resguardo de una peña que la defiende del aire colado, una tienda de campaña de color naranja luce su vanidad, hermética y displicente igual que el corazón de los difíciles héroes. La vieja carne de la piedra se enseña verdecida de musgo y florecida de minúsculos botones blancos y amarillos, malva y azules y de color de rosa. El viajero piensa que, según lo más probable, en la perdida tienda de campaña del segundo lago de Biciberri esconden su amor a la razón de Estado una princesa rubia y el paladín que, venido a menos, se metió a cazador furtivo y delicado poeta de soledades; el viajero, respetuoso con la felicidad que se imagina, pasó de largo y casi sin respirar.

Hace más bien fresquito y el viajero, para calentarse las miserias con el ejercicio, aprieta el paso por el oriente de la brecha Blanca, a la que también dicen brecha Trescases, que se abre lamiendo la ladera del Falso Biciberri o pic Clarás; el viajero piensa que la brecha Blanca y la brecha Trescases son una y la misma, aunque tampoco habría de poner una mano en el fuego por su pensamiento, ya que con nadie pudo consultar sus dudas. Hacia Francia, por el paso de la Tumeneja, a la izquierda del tuc del mismo nombre, sigue el camino que el viajero traía y ahora abandona. Poco más adelante del segundo lago, del senderillo de cabras por el que ahora marcha el viajero sale un ramal que lleva al sur, al coll dels Avellaners; el viajero tampoco entra por él sino que continúa, siempre al este, a toparse con la brecha Blanca. La mansa perdiz cuchichía en el otero mientras el torpe perdigón, con las alas abiertas para el equilibrio de su cómico espanto, corre a achantarse entre la maleza.

El valle de Bohí queda al otro lado de los montes de Biciberri y del Cómolo Formo y coincide con la cuenca del Noguera de Tor; donde se dice valle de Bohí puede entenderse, sin caer en el despropósito, señorío de Erill. Al viejo señorío de Erill, con sus barones montañeros y guerreros, literarios y solitarios, se lo merendaron, una buena mañana del siglo XI, los condes de Pallars, que eran los poderosos. El viajero, para ahorrarse las gimnasias de los Biciberris, busca el cauce del río Malo y lo camina, por la cuesta abajo de las aguas, hasta el lugar que dicen la Majada —o la Pleta—, allá donde se escurre el barranco que llega del estany Negre. Un pastor adolescente canta, a voz en grito, la canción de la soledad y en cuanto ve al viajero se calla con el cauteloso silencio de la compañía.

El Noguera de Tor viene, por un camino o por otro, de los estanys Tumeneja y Travessany o Tramesana, y recoge las aguas de todos los Cómolos: Cómolo Formo (algunos lo dicen con n: Forno) y Cómolo Torres (algunos lo ponen con a: Tarres), por un lado, y Cómolos Collarenos y Cómolos Bienes por el otro. El estany Travessany recoge las aguas de los estanys de les Mangades y dels Monjos, que se enseñan por debajo del puerto de Güellicrestada o de Caldas, que abre el valle sobre los bosques y las praderas de Arán. El Noguera de Tor corre por los más agresivos parajes del Pirineo; esta agresividad, según cuenta la historia, no se les contagió a sus naturales señores, quienes recibieron estopa de la buena, estopa medieval y a punta de lanza, de los condes vecinos.

El viajero, por el camino que marcha pegado al río, llega al estany dels Cavallers. Por encima de una cascadilla en la que baten las aguas, salta un puente de troncos crudos, sufridos, casi sangrantes; de troncos que, aún ayer, fueran árboles pegados a la tierra. Y sobre el puente vivo —o recién muerto— un mozo jinete en una mula negra cruza cantando Quizás, quizás, quizás, que es un bolero muy sentimental y civilizado. ¡Vaya por Dios! A levante del estany dels Cavallers queda la punta Alta, desde la que se divisa, según cuentan quienes la escalaron, el hotel de Superbagnères, en Luchon.

Caldas de Bohí (en catalán dicen y escriben Caldes de Boí) fue hospedería en tiempos, y es hoy balneario de lujo: de lujo en las aguas —que las hay frías y calientes, radiactivas, sulfurosas, alcalinas, bicarbonatadas, sódicas, yoduradas, litínicas, fluoradas, nitrogenadas y ferruginosas, ¡qué alarde!— y de lujo en las instalaciones, que aparecen limpitas y un poco ridículas (según suele ser el gusto de los agüistas). El viajero, que venía medio cansado del monte, se sentó a lavarse los pies en la font del Cànem, de donde lo espantó, con razones muy cívicas y ejemplares, un veraneante redicho y de malas pulgas.

—Si padece usted alguna dolencia, diríjase al doctor para que la diagnostique. Es imprudente tomar baños sin prescripción facultativa.

El viajero, un tanto confuso, procuró disculparse.

—Usted perdone, pero la verdad es que dolencia, propiamente dolencia, un servidor no tiene.

—¿Y entonces?

El viajero cerró los ojos para responder, con un hilo de voz, sus argumentos.

—Es que, ¿sabe usted?, lo que un servidor tiene es más bien mugre; mugre corriente, no se vaya usted a creer que mugre de la otra.

Cuando el viajero volvió a calzarse, el veraneante, ya más sereno y confiado, habló con arreglo a muy medidas y ortodoxas normas.

—Caldas de Bohí, entre rumorosos montes de abetos, es la gema refulgente del Pirineo leridano.

El viajero procuró ser amable.

—¡Vaya! Me alegro; que sea por muchos años y usted que lo vea.

El veraneante, que tenía mucha facilidad de palabra (a lo mejor llevaba dentro un director general o un gobernador civil medio sarnoso), era infatigable.

—Nuestra Señora de Caldas de Bohí preside, desde su capilla, el hermoso y salutífero conjunto, que prestigia un patio del siglo XVII.

El viajero no se hubiera perdonado no extremar su finura.

—¡Hay que ver qué cosas pasan!, ¿eh? ¡No somos nadie!

Y el veraneante, para demostrar su aplicación, redondeó su edificante parlamento.

—La señorial residencia de La Farga, que se encontrará usted al pie del camino, poco más abajo, recuerda que en este valle se trabajó el metal.

El viajero sonrió como un conejo.

—¿Ah, sí?

En el manantial de Caldas hay dos hoteles: el uno se llama El Manantial y el otro Caldas; el viajero se permite sugerir que, cuando abran el tercero, le llamen Balneario-Hotel, que también es bastante original y que tampoco induce a confusión. Los viejos nombres de la geografía —font de l'Aubaga, font del Cànem, font del Ferro— no son del gusto, a lo que se ve, de los hoteleros. En el jardín por donde los agüistas toman el sol y cuentan su caso (que tiene siempre matices muy diferenciados y peculiares), hay un monumento al rebeco al que sólo le falta hablar, ¿verdad, usted?

—¡Y tanto, hijo, y tanto! ¡Esto sí que es escultura y no otras! En fin, ¡vivir para ver!

El barranco de la Sallent cae al Noguera de Tor o río de Caldas de Bohí, corriente que baja a saltos como el sarrio del monte, muy cerca de los baños y por su ribera de estribor. El viajero, que baja por el camino que queda a la otra mano, le dice adiós destocándose la boina para que nadie pueda pensar que carece de buena educación y sanos principios. Al cuarto de hora, o menos, de pasear con calma o —como decía don Juan Tenorio o el novillero Rebujina, que éste es dato que no se recuerda bien— sin mayores apuros, el viajero pasó ante el serrín que sembraban los chiquichaques con su trabajo y vio cómo, envuelto en el aroma de la fresca sangre de los pinos, el barranco de Fennarrúi se casaba, triscador y aún niño, con el Noguera de Tor.

—Buenos días, zagal.

—Buenos días nos dé Dios, patrón, y buen viaje.

Al pie mismo de la aserradora, el camino se parte en dos: el de la derecha, según se viene, lleva a Erillavall, y el de la izquierda —que es el que toma el viajero— a Bohí o al portarró de Espot, según se sigan las aguas del Noguera o se remonten las del Sant Nicolau. La Farga queda en la confluencia de los dos ríos, al norte y frente a la font del Ferro (nombre que también bautiza a una de las fuentes del balneario, como ya se dijo). La Farga es hoy un chalet lujoso pero no bonito ni de buen gusto, que presenta guardián cumplidor y malhumorado, y perro de criminales intenciones y entendimiento un tanto prescrito de la propiedad. A los canes de aviesas mañas, a veces, si se les acierta con un buen patadón o con un regular cantazo en el morro, se les encoge el ombligo y salen huyendo con el rabo entre piernas, igual que ruines chuchos falderos. El viajero, de aquella hecha, tuvo suerte y le ganó al can de La Farga por la mano (o por el pie, sería mejor decir). El viajero declara, para la paz de su conciencia, que no suele tratar mal a los animales más que cuando éstos se obstinan en anticiparse tratándole mal a él; en estos casos, dentro del viajero asoma la oreja el hombre de la selva.

El río de Sant Nicolau viene del portarró de Espot, en la poética y fría linde entre el Pallars y el Ribagorza: los dos viejos condados campesinos. Por la ribera de Sant Nicolau, los madereros y los electricistas suben y bajan en sus jeeps, herramienta que camina brincando, como los saltamontes, pero con la que puede llegarse a todas partes. El viajero que, como padronés, es propenso a la fe en la magia, la adivinación del porvenir, los inventos y otras apariciones y milagros, admira mucho la mecánica del jeep, que ni conoce ni falta que le hace, pero en la que cree a pies juntillas y con los ojos cerrados y admirados.

—Lo que yo le digo a usted es que si a Edison le dan tiempo, hubiera inventado el jeep. ¡Menudo era Edison! ¡Para mí que fue tan grande como Isaac Peral!, ¿verdad que sí?

Por la carretera de Pont de Suert y trepidando de poderío, ¡viva el progreso!, resoplaba un jeep de airosas hechuras de gazapo. La máquina venía cagando centellas, mismamente lo que se dice cagando centellas (o perdiendo el culo, que tanto monta), y las aguas del río, ante tan elástica presencia, enmudecieron de envidia y de pavor.

—¡Qué cosa, ésta del progreso!, ¿eh?

El jeep iba tripulado por un mozancón gordo y caritativo, por un paladín en cuyas carnes rebosaban catorce arrobas de caridad, que frenó al ver al viajero.

—¿Le llevo?

El viajero, ante el inesperado frenazo, probó a ganar tiempo a su sorpresa.

—¿Adónde?

—A donde quiera; por aquí puede llegarse al fin del mundo.

Sobre la pasarela de tablas de l'Espulgó, donde la pista cruza al lado norte del río (derecha de sus aguas), el jeep salta, con su lastre a bordo (ochenta por ciento de chófer y veinte por ciento de acompañante), pintando una grácil pirueta de libélula.

—¿Se asusta?

—No; por mí no se preocupe ni se prive de darse gusto; uno está hecho, gracias a Dios, de madera de insensato y por ahora, ¡ya lo ve!, voy librando.

El vallecico de Sant Nicolau marcha al borde del terreno que dicen Solana de Bohí; al principio es angosto y como prisionero, pero después se abre de golpe para mostrar un paisaje bellísimo y dilatado. En la borda d'en Pey, una moza rubiasca ordeña la vaca cenicienta. En la borda Casós canta la gallina que acaba de poner un huevo. En la borda de Gaspar chifla en su caramillo un garzón que viste camisa de cuatrero del Far West.

—¡Se va bien por aquí!, ¿eh?

—¡Ya lo creo! ¡La mar de bien!

Después de la ermita de Sant Nicolau aparece el estany de Llebreta (en castellano sería del Lebrato), en su decorado rústico y bien compuesto; limitándolo por el sur, el tupido bosque de la Horquera le sirve de telón de fondo.

—¿Nos paramos un rato, para mirar el mundo?

—Como guste, no tengo prisa.

Es el mediodía, más o menos, y las aguas, con el sol pegándoles de plano, brillan con unos dulces (y también paradójicos) destellos cristalinos.

—¿Es usted madrileño, jefe?

—No, señor, que soy coruñés. Y usted, ¿es catalán?

—No; yo soy ribagorzano de Huesca, de Benabarre. En mi pueblo hablamos el catalán, pero somos aragoneses. Yo me llamo Latorre, José María Latorre, para servirle. Mi padre tiene una fonda en Benabarre; la gente dice que mis chichas son el mejor anuncio de la fonda.

José María, el benabarrés* del jeep, está orgulloso de sus carnes; el viajero piensa que no le falta razón.

---

* A los de Benabarre les llaman benabarrenses o barnabenses. El viajero prefiere decirles benabarreses o benabarreños, porque la primera de las formas oficiales se le antoja muy administrativa, y la segunda, muy pedante; en esto de los gentilicios, todo es cuestión de acostumbrarse.

—Si va usted por Benabarre, pásese por la fonda; se llama La buena de Dios.

El viajero pegó un respingo.

—¡Coño, qué nombre!

Después, el viajero procuró arreglar el entuerto dando marcha atrás.

—Bueno, usted dispense..., lo que pasa es que así, a una primera vista, queda un poco raro.

El benabarrés del jeep, que era un tiburón angélico, lo tranquilizó.

—No se preocupe, casi todo el mundo dice lo mismo; se conoce que es un nombre que llama mucho la atención. Yo ya estoy hecho a oírlo, pero la verdad es que así, de golpe, tiene usted razón, queda un poco raro.

El benabarrés del jeep, acordándose de su pueblo, se mostró elegíaco.

—Si va usted por allí, no deje de pasarse por mi casa; está en la carretera de Tolva, teléfono 16. Mi padre se llama Medardo, Medardo Latorre; dígale usted que va de parte mía, para que lo trate bien.

El tirón que viene desde el cruce de Caldas de Bohí hasta la ermita de Sant Nicolau se llama camino del estany Llebreta; no falta quien prefiera decirle de Sant Nicolau. Pasada la lagunilla, la trocha continúa con el nombre de camino de Aigüestortes. El barranco Serradé cae al río de Sant Nicolau por su lado derecho y casi en la cabecera del estany. Y a cien pasos, la cascada de Llebreta o del Toll del Mas salta, por encima de las piedras y entre avellanedas, abetales y helechos, sus seis o siete peldaños en los que bate la alborotada espuma del agua. En el Toll del Mas, o Charco del Predio, el río canta con una bronca y solemne voz de órgano litúrgico, muy mantenida y acompasada. El viajero, mientras escucha el animal bramido de las aguas, piensa, por distraerse, en los arcanos del monte y en su clave misteriosa y elemental como el amor de las bestias.

—¿Seguimos?

—Sí, va a ser mejor seguir.

El repecho arrecia y el jeep, creciéndose al castigo, resopla voluntarioso y eficaz.

—¿Se porta, eh?

—¡Ya lo creo!

Poco más arriba, el terreno se remansa en una plana donde habita el silencio (y el olvido, como en el verso de Bécquer) y por la que el agua fluye, tortuosa, en mil venillas dispersas que refulgen con cien guiños poéticos y metálicos (acerados, plateados, áureos, cobrizos). La capilla del Sant Esperit queda entre el camino y la corriente, con otra cascada a sus espaldas; la capilla del Sant Esperit, en forma de concha de apuntador, es lo que las señoras y los diputados provinciales llaman muy moderna y atrevida. El viajero, que cree en la relación que debe existir entre la arquitectura y su paisaje, piensa que la capilla del Sant Esperit —que buena fuera para otra latitud— está de más dònde está; cuando se olvida que la arquitectura es también paisaje y se construye en abstracto, se produce el divorcio que engendra el desbarajuste y su secuela la falta de armonía. La arquitectura —léase al poeta Heine— es arte de convicciones, no de opiniones, y la capilla del Sant Esperit es el resultado de una opinión, en ningún caso de una convicción (como el románico, por ejemplo).

—¿Le gusta?

—Donde está, no; a lo mejor, en otro sitio quedaba bien.

Frente a la capilla cae al Sant Nicolau el barranco de Llacs, crecido con las aguas que le presta el torrente de Musoles, y poco más arriba y también por su orilla izquierda asoma el torrente Morrano, que baja desde el pic Mariolo y la pala de Lluí.

Aigüestortes, con sus aguas que no caminan derechas sino torciéndose y retorciéndose en su naturalísimo y barroco serpentín, es un nombre que está bien puesto y que a nadie confunde. Por Aigüestortes, el Sant Nicolau, más que un río,

223

semeja el primichón de aguas con el que los más delicados querubines habrán de bordar el monte, hebra a hebra, hasta convertirlo en un poético estofo de misterio. Las praderas de Aigüestortes están defendidas por los picos Bony Blanc, Muntanyó, Musoles, Morrano, Lluí y Pleta Mala, que queda al noroeste y que no se ve desde la capilla. Cuatro guardas forestales —En Pep d'Erillavall, sus dos hijos y un sobrino también leal y montañero— ayudan a los altos riscos en su vigilancia. Los caballos pacen en libertad la yerba fresca y brilladora; la trucha canta en las aguas su gluglú acrobático, y en un árbol muerto y fantasmal que luce tendido de orilla a orilla silba su reclamo de amor el pájaro solitario y pinta su tierno verdín el musgo amable. La flor malvigualda del iris, que es como una minúscula orquídea avergonzada, luce su desnudez entre los cuchillos del lirio y el franciscano suspiro de la violeta.

—¿Nos vamos?

—Usted manda.

El camino del Portarró empieza, dicho sea un poco a ojo, no más pasadas las praderas d'Aiguadasi y la coma —o nava— de la Qüestió, quizás en el punto por donde cruza a la otra orilla del río; puede servir de raya la centralita eléctrica que por allí asoma*. El viajero, otra vez jinete en el

---

* El viajero, a esta banda del Parque Nacional de San Mauricio, Aigüestortes o de los Encantados, piensa lo que pensó desde la otra ribera y ya dejó dicho: la ley de Parques Nacionales prohíbe enmendar la plana a la naturaleza y colaborar con Dios Nuestro Señor en la conservación y mejor orden del paisaje o en el aprovechamiento y goce de sus posibles fuentes de riqueza, y el terreno que ahora se camina y antes, cuando se anduvo por el Pallars, se caminó, fue declarado parque nacional según decreto de 21 de noviembre de 1955. En él sobran, por tanto, la carretera y todas las construcciones deportivas, industriales, militares, religiosas o de la índole que fuere que, en un momento u otro, se hayan podido ir levantando; en el supuesto de que se prefiriese dejar las cosas como están o ponerlas peor, habría que admitir que está de más el aludido decreto. En todo caso, sí cabe dejar dicho que los parques nacionales de Ordesa y Covadonga tuvieron mejor suerte.

jeep del mozo benabarrés, se llega en menos de un soplo hasta el estany Llong, que aparece, con sus aguas negras y hundidas, por debajo de la carretera; a los labios del estany se levantan un refugio y un barracón, ambos artificiales y postizos. Hacia el sur sale el camino que va a los estanys de Lluí, donde hay otro refugio, y que puede traer, doblando por las lagunas Cubeso y Castieso, al rosario de lagos de los Gavatxós; pasando por el pluviómetro, se vuelve al paisaje por el que ahora se anda. Gavatxó, en catalán, se dice a la endrina, al fruto del endrino o gavatxoner.

En el portarró de Espot, con el Pallars al otro lado, el viajero rinde etapa. Es ya la media tarde y el monte empieza a teñirse con los dulces y misteriosos alivios de luto que preceden al ocaso. Sobre el estanyol del Portarró, una minúscula felpa de niebla baila un vals con la brisa, desmayadamente y como sin querer.

—¿Se viene?

—No; prefiero quedarme.

Los Encantats, hieráticos y solemnes, fueron testigo del bravo y solitario sosiego del monte. Y a lo lejos, sobre el cielo de Andorra, voló el heraldo de la noche, vestido de gavilán.

—Adiós, José María; le agradezco a usted su misericordia.

—Adiós, amigo; puede ser que volvamos a vernos... Lo dicho: si va usted por Benabarre, no deje de pasarse por mi casa.

El viajero, con las primeras oscuridades, se volvió, desandando lo andado, hasta la barraca del estany Llong, donde —pertrechado de calma y apoyándose, a ratos, en el sueño— esperó a que el nuevo día apuntase; el camino no es difícil y puede hacerse, incluso con sosiego, a la luz de la luna.

EL VIEJO SEÑORÍO DE ERILL

Al viajero le dio el primer solecico de la mañana en el cogote, a punto de llegar otra vez al cruce de Bohí, frente a la font del Ferro, en su libertad, y a las tapias de la quinta La Farga, en su clausura. Por la carretera de Bohí sube un cochecillo madrugador y nervioso, alborotador y medio indisciplinado, envuelto en una nube de polvo. El viajero, en lugar de meterse al sur, por el camino que lo llevaría en derechura a Bohí, tira hacia el norte, de nuevo en el rumbo de Caldas y sus aguas de medicina, a buscar el sendero de Erillavall, que nace en la aserradora de Fennarrúi, a la sombra de les Carboneres de la Muntanyeta. El camino de Erillavall corre, también de norte a sur, paralelo al de Bohí y a la derecha del Noguera de Tor; por encima del camino de Erillavall, el feixanc del Pedregam, o precipicio del Pedregal, defiende a la Muntanyeta de indiscreciones, oficiosidades y otras imprudencias.

A las puertas de Erillavall (quizá quedara más correcto escribir Erill-la-Vall) florece el espino, silba el jilguero y teje su geométrica telaraña la peluda y mansa araña campesina. Erillavall, a la falda del rumoroso monte que dicen Vasco, no es ya ni sombra de lo que en pretéritos tiempos fuera y no volverá a ser jamás. Todos los elegíacos versos de los poetas dolientes caben, uno tras otro, a estos últimos pueblos del viejo señorío de Erill, perdidos como lobatos entre fragas remotas y ancianos y oxidados recuerdos de paladines. Por

227

encima de los tejados de Erillavall todavía vuelan, vestidos de vaporosa fantasma, los condes enamorados y en derrota y los canteros románicos, los pacientes pintores artesanos y el juglar zascandil que puso en solfa los sueños del obispo San Ramón, limosnero de Alfonso el Batallador y mecenas de los más mañosos alarifes de la Lombardía. El viajero no los vio volar, aunque sabe que vuelan, ¡vaya si vuelan!, y declara, pidiendo la caridad de ser creído, que la culpa de no haberlos visto fue suya y sólo suya, quizá por no tener bastante claro el avizor —y adivinador— ojo de besugo del alma.

El campanario de Erillavall, de la parroquia de Santa Eulalia de Erillavall, es airoso y esbelto como un junco, espigado y muy proporcionadamente gentil; la torre de Erillavall, que semeja una atalaya asomándose al mundo de la minúscula y honda poesía, levanta cinco danzas de arcos aplomados —igual que espadas o corazones— sobre la dura tierra. En Santa Eulalia de Erillavall, un imaginero del siglo XII esculpió un San Juan y un descendimiento que parecen hermanos de las pinturas de Tahúll, al otro lado del río: ahora están en Barcelona, en el Museo de Arte de Cataluña, el osario que guarda —embalsamado y burocratizado— gran parte del tesoro artístico que fue de los pueblos donde Dios lo puso, y acabó devorando la ciudad. Al viajero le duelen en el alma estos peculados legales, inmorales e impolíticos que se hacen en nombre del derecho administrativo y volviendo grupas a la historia y a su liberal fluir.

—¿Me da usted fuego, por favor?

—Sí; tómelo usted.

Erillavall, despeñándose por la cuesta abajo del tiempo que lo desvalijó sin misericordia, no es hoy ni ayuntamiento, sino tan sólo lugar que se gobierna desde Barruera, aguas abajo del Noguera de Tor. Barruera manda también en otros cuatro pueblos: Bohí, que es algo más grandecito que Erillavall; Tahúll, que, con sus doscientos y pico de habitantes, es el mayor de todos (incluida la cabeza municipal); Cardet, que es minúsculo, y Coll, al que tampoco sobran las carnes. Es norma de la naturaleza que cada cual se rige como puede, bien es cierto, y es corolario de aquella norma que al que le mandan, obedece, que para eso está.

—¿Es usted del fisco?

—No, señora; un servidor es más bien del aguanten y la contemplación.

Frente a Barruera, al otro lado de la sierra de Cardet y del Noguera Ribagorzana y ya en campo de Huesca, dormita el caserío de Bono, a la sombra de su parroquial bucólica y derrotada.

Los campanarios de Erillavall, de Bohí y de Tahúll están en línea recta, parecen tirados a cordel; estos canteros románicos eran unos cachondos a quienes les divertía gastar bromas simbólicas y misteriosas. El viajero desde la torre de Erillavall ve, en la cuesta abajo, la de Bohí y detrás —y en la cuesta arriba— la de Tahúll; si el terreno, en vez de ser montuno, fuera llano, una torre taparía a la otra; debe ser gracioso ver estas tres referencias con un teodolito.

Por la palanca del Noguera de Tor, y después de haberse callejeado Erillavall en busca de una taza de café que no quería presentarse (quizá por muy plausible vergüenza de sus zurrapas), el viajero, con las tripas cantándole en la jaula, se llegó hasta Bohí, donde el arroyo de Tahúll —o barranco de Bohí— se topa con el río. Una niña amazona, enancada en un rucio tordo y matalón, pasa por el camino mirando, recatadamente, para el suelo; diríase una infanta doncella y desgraciada que vuelve de confesar su inevitable belleza.

—Me acuso, padre, de ser hermosa.

—Paciencia, hija, eso se quita solo.

Bohí, agazapado en su ladera, finge la traza de un aburrido osezno tumbado al sol. Bohí es pueblo callado y misterioso, quieto y de color de nube, con callejas empedradas de guijarros, casas con techo de pizarra y balcones de hierro de muy airosa labor. A veces, las calles se cuelan por las casas, de lado a lado, y lo que semeja un portal, termina en lóbrego pasadizo.

—¿Ha visto usted pasar por aquí al espíritu de Tomeu de Chirimella, el caballero andante que arde en los infiernos?

—No, señor; hace ya lo menos quince días que no lo veo. Quizás ande por la cueva de Fuses, robándoles la merienda a los excursionistas. La última vez que pasó por aquí, tenía los ojos acongojados y todo el aspecto como de no irle demasiado bien las cosas.

—¡Vaya por Dios!

La mujer compuso un gesto muy resignado y ecuánime.

—Sí, señor: que Dios le valga, ahora que ya va viejo.

En la fonda de Feliciano Peregort, que es muy aseada y bien dispuesta, el viajero almorzó, con buen apetito y paralelo aprovechamiento, lo que el fondista dispuso que almorzara: sopa de cebolla, trucha de tres habilidades (fritas, asadas con el arte que se dice a la molinera, y en escabeche), pierna de cordero al horno y flan quemado con ron. ¡Fue una lástima que el galán Tomeu de Chirimella, mozo nómada y tarambana, se perdiese aquella propicia y bienaventurada ocasión de hartura!

Sobre el camino cantó la alondra, que es pájaro románico, avecilla cristiana. La iglesia de San Juan Bautista de Bohí —tan venerable e ilustre, pero no tan bella y elegante y grácil como la de Erillavall o como cualquiera de las dos que alumbran el campo de Tahúll— es igual que una alondra que se cansó de volar el monte y su misterio. La iglesia de San Juan Bautista de Bohí es más modosa y sin afeites, más acorde con el escueto y sobrio puro paisaje en el que se alza. Al viajero le resultan especialmente amables estas olvidadas piedras sin pretensiones, pero rebosantes de silenciosa intimidad y de mansa unción, en las que las gentes se bautizan humildemente, se casan sin dar tres cuartos al pregonero y asisten, con muy contenida compostura, al funeral por el padre al que se le acabó la cuerda, casi a la chita callando, después de haber

230

dado un oficio y una escopeta y un saco con cien duros dentro a cada hijo.

La raposa vagabunda cruzó, brincando bardas y espantando gallinas, por el sendero de Tahúll, en la cuesta arriba, mientras el viajero marchaba, medio cabizcaído y sentimental, entre las dos luces del día que iba muriendo sin que nadie le ayudase a morir. Tahúll es pueblo encaramado en un duro repecho, caserío con porte de huraño gavilán; algunos —pudiera ser que para hacerlo aún más recóndito y misterioso— lo escriben sin hache y con dos puntitos sobre la u: Taüll. El viajero, por el camino del barranco de Sant Martí, se llega hasta las casas a punto de caer la noche con delicada sencillez. De un balcón entreabierto vuelan, como palomas, los acordes de una polonesa de Chopin que interpreta al piano una mocita soñadora. Tahúll no tiene carretera que lo una al mundo y el viajero, por más vueltas que le da, no se imagina cómo pudo llegar hasta aquí un piano a lomos de mula; a veces pasan cosas muy raras y heroicas, muy inusuales y magníficas.

El viajero tiene en Tahúll un amigo al que le dicen Bernat Conill Pallejá, ex sargento de caballería y hombre fuerte como un toro, que es capaz de romper dos barajas con las manos. Aquella noche, Bernat, que se puso más contento que unas pascuas con la llegada del viajero, tocó a botasilla y echó la casa —y los arcanos de la despensa— por la ventana. ¡Dios, y qué manera de comer y de beber la del sargento y sus paisanos (y la del viajero, que tampoco tenía por qué quedarse atrás)!

A la mañana siguiente, el viajero, igual que un prócer, no amaneció hasta las nueve o nueve y media; cuando se cena como mandan los cánones, suele borrarse la propensión a madrugar.

—¡Arriba, gandul, que ya está el escuadrón formado!

—Voy, hombre, voy. ¡Caray, con tantas prisas!

La iglesia de Santa María, con sus cuatro plantas de formaletes, está en el pueblo, y la de Sant Climent, que tiene cinco, en las afueras. Al tejado, a seis aguas, de Santa María lo remata un gallito de hierro al que mueve el viento que, a veces, por esta latitud sopla como un león y hace chirriar —y hasta volar por los aires— a las veletas. Sant Climent, a lo que dicen los sabios (y entre los sabios, el caballero Bernat Conill), es la más bella arquitectura de todo el contorno; el viajero, que es ignorante pero bien mandado, no tiene nada que objetar. Las pinturas de los ábsides de Santa María y de Sant Climent —y todo lo que los funcionarios pudieron despegar de sus paredes— está (¡caliente, caliente!) también en el museo de Barcelona.

Cuando —otra vez el macuto a costillas— el viajero enfiló el camino de Barruera, sintió como un calambre recorriéndole el cuerpo (el espinazo, la cabeza, las piernas, las cachas, etc.); esto de la electricidad es muy contagioso y trasmisible, muy delatador y excitante. El caserío de Barrucra luce rodeado de praderas verdes en las que se pinta la amapola y canta el grillo su solitario sentimiento; el arroyo Calvó, que baja del coll Gelada, por encima de Erillavall y entre fresnedas y robledales, cae al Noguera de Tor por Barruera, al norte de las casas y sin mojarlas. En Barruera, la plomada sobre el nivel del mar está cuatrocientos metros más abajo que en Tahúll; el viajero, que lleva ya muchas leguas de monte pegadas a las piernas, agradece al terreno la bendición de su mansedumbre. La iglesia de San Félix de Barruera no es tan distinguida ni esbelta como las que se fueron quedando atrás, cerros arriba; también es cierto que la competencia es dura. En la iglesia de San Félix de Barruera tampoco se guarda recuerdo de ningún maestro románico ni de ninguna obra de arte de mayor mérito o relumbrón.

—¿Y usted cree que eso es malo?

—No, señora: ni malo ni bueno. Un servidor, para ahorrarse disputas que suelen acabar a coces, no tiene opiniones muy precisas de casi nada. Le ruego que me disculpe.

Al viajero, la iglesia de Barruera no le parece una alondra, sino una perdiz; las hechuras de la alondra, sin ser tan aéreas como las de la golondrina, son menos torpes y fecundas que las de la perdiz, animalito que —no siendo feo de vivo— gana de muerto y en la cazuela.

—¿Se comería usted una perdiz guisada con cebollitas?

—¡Hombre!

Poco más adelante, el viajero se tropieza con el embalse de Cardet, ingenio del que los hombres sacan electricidad, ese raro producto que se da a quintales por todo el país de Ribagorza. El viajero, que no es técnico en nada ni, ¡a estas alturas!, va camino de serlo en sus días —por más vueltas que dé el mundo y más cosas raras que acontezcan— sabe bien que la luz eléctrica es necesaria y conveniente, útil y saludable, higiénica, práctica y hasta barata, y tampoco ignora que la luz eléctrica no se da en los árboles, como las manzanas y las cerezas, sino haciendo saltar el agua desde muy alto —y muy bien dirigida— para que pegue en el lugar preciso donde deba pegar. El viajero, en todo este camino que lleva hecho, no ha venido mirando con simpatía (o al menos, con una arrolladora simpatía), aunque sí, aunque parezca paradójico, con admiración, estos raros arbitrios que el hombre inventa para sacar riqueza de donde la haya, y en general —y salvo en casos muy llamativos y notorios— prefirió callarse, a lo largo de su relato, la descripción de los paisajes que, adobados en cemento, parió la industria. Quizá tengan su encanto, e incluso la posible constancia literaria de ese encanto, pero el viajero —que es contribuyente chapado a la antigua y poco propenso al artificio y su aplauso— declara que ésa es tecla que no le va.

—Se ha puesto usted serio de repente.

—No se preocupe; esto se me pasa pronto.

El viajero tiene como artículo de fe que es inútil —e ingenuo e impolítico— querer oponerse a la inercia del progreso, pero piensa, quizá para su uso exclusivo, que la actitud más sabia muy bien pudiera ser la de encauzar ese progreso poniéndolo al plural servicio del hombre y evitando, de paso, que el hombre fuera atenazado por él o deslumbrado por su ilusionador espejismo. Las obras hidroeléctricas de estos montes no están de más y, quien tal cosa creyere, en el pecado de añorar el siglo XIV lleva la penitencia de vivir en el XX; lo que sí está de más es el gratuito desprecio que la técnica, a veces, tiene por otros valores de escala heterogénea, pero, en ningún caso, de menor entidad. Al viajero se le hace evidente que pedir a los técnicos un criterio estético sería tan descabellado como exigir a los estetas un criterio técnico, aunque se toma la licencia de suponer que técnica y estética no son nociones excluyentes sino complementarias y que, por estas breñas y por estos andurriales, la técnica y la estética, que marchan divorciadas, hubieran podido caminar acordes sin más que recordar la sabiduría que aconseja al zapatero darse a sus zapatos.

—Mucho sabes, Cipión, ¿quién diablos te enseñó a ti nombres griegos?

—¡Cállate y no me interrumpas, Berganza, que se me va el hilo!

El viajero piensa que una sociedad tan poderosa y meritoria como la Empresa Nacional Hidroeléctrica del Ribagorzana (ENHER) debiera haber sacado a concurso una plaza de poeta lírico, cuyo oficio fuera el de sugerir a los ingenieros, de vez en cuando: tapen esto con un poco de yerba, disimulen ese murete, salven estas piedras históricas, sean respetuosos con el sentimiento, ¿qué trabajo les cuesta?, etc. Eso que por ahí se dice de que no sólo de pan vive el hombre, resulta que es verdad. El señorío de Erill pasó del feudalismo a la electrificación sin enterarse de la revolución francesa ni de la máquina de vapor. Al viajero le dan grima los saltos en el vacío y las piruetas demasiado espectaculares.

A la izquierda de las aguas y medio escondido en el cerro de la Mosquera queda Durro, pueblo que se va vaciando, poco a poco, de gente y de alegría. En el barranco de Gine-brell pastan, aburridamente, las ovejas del pobre, y por encima de las piedras románicas de la Natividad se bambolea la nubecilla que vino volando, liviana y gris, desde el solitario Corrunco. A la salida de Cardet, en la venta que dicen Les Cabanasses y que es propiedad del mancomún, el viajero re-postó de la misericordia de unos pescadores bien parecidos pero con más presencia que buena disposición para el arte, y en Coll, poco más abajo, se bebió un refresco a la salud de un automovilista dadivoso y amigo de conversar.

—Pues ya ve usted lo que son las cosas: al principio me creí que era usted mi primo Romualdo, que también gasta barba. Mi primo Romualdo es de Salas de los Infantes y siem-pre fue muy ocurrente y tronera. Primero estudió para cura, pero cuando lo echaron del seminario, por danzante, se es-capó con una de Lerma y no tiene usted idea de la que se armó. El padre de la moza quería ahorcarlo o, por lo menos, caparlo, y tuvo que intervenir la guardia civil. ¡Lo que son las cosas! Cuando lo vi a usted, me dije: ¿qué coño habrá venido a hacer hasta aquí el Romualdo?

El viajero, aprovechando una clarita del discurso, procuró disculparse.

—Pues no, ¡qué quiere usted! Lo siento de veras, pero no soy su primo Romualdo. Ya me gustaría, ya... En fin, ¡qué vamos a hacerle!

Llesp guarda (y también regala) verdes variados, entonados, diversos. El caserío se mira en las quietas aguas de su embalse y se enseña entre praderas y pomaradas, peraledas y nocedales, fresnedas, choperas, robledales, hayedos y una huertecilla humilde y suficiente. Llesp tiene quince o veinte casas y mil truchas a punto de la sartén; en la parada del Valle, el amo Raimon Castells cuida de que la voluntad y el aceite y el fuego luzcan siempre propicios y en buena disposición. Llesp es encrucijada con un escape a cada uno de los cuatro puntos cardinales: el viajero entra en Llesp por el camino del norte, que baja corveteando con las aguas del Noguera de Tor; hacia levante sale el releje de Irgo, en su monte Calvero, a la sombra del Villirulo, y por el rumbo de poniente se alcanza Vilaller, en el Noguera Ribagorzana, que cuida —algo más abajo— el airoso belén de Vihuet, entre sus dos peñas en las que silba el barranco Sentís. En casa de Pere Feixa, en Vilaller, sirven una escudella capaz de levantar el ánimo a la fantasma de un decapitado.

—¿Usted la probó?

—Sí, señor, por ventura. Por eso tengo fuerzas, todavía, para desollarle el terco rabo a los montes.

El viajero, ya en la cuesta abajo del sol y sus agraces y últimos destellos, sigue hacia el sur, por la adivinada querencia de Pont de Suert, el pueblo abierto a todas las esperanzas (incluso las más sutiles e imprecisas).

—¿Por qué no habla usted más claro?

—Porque no me da la gana, gentil señorita, sazonado bombón, tía buena; esto de los sermones en clave es algo que se nos da muy bien a los patriarcas. ¿Quiere usted que echemos un pasodoble?

Castelló de Tor quiere decir, puesto a la letra, Castillejo de Torre; tor —y también torra— es forma arcaica de torre, que significa y se escribe lo mismo en catalán que en castellano. En algunos mapas, al Tor que apellida tanto a Castelló como al Noguera que lo adorna le añaden una t y lo convierten en Tort, tuerto o torcido; son ganas de complicar las cosas y de querer confundir lo que es claro como la misma luz. En otros, a Castelló lo ascienden a Castell, castillo; ésta es la forma que se adopta oficialmente, el viajero ignora por qué.

Una cigüeña aragonesa bate las alas camino de su viejo reino, mientras el diablo, vestido de jabalí, cruza, con su áspero trotecillo, por la pelada senda de Erill-Castell, en su pozo que amarga la memoria. Al otro lado del río, la Virgen de los Remedios, en su ermita, oficia de piadosa remediadora de fábulas imposibles.

236

LA FUENTE DE LOS KILOWATIOS
Y CARLOMAGNO Y SUS PALADINES
BAJO LAS AGUAS

El viajero piensa que cualquier sitio sirve para dormir cuando se tiene sueño; también sobra el más minúsculo rincón para morir cuando la muerte llega con su paso de lobo.

—¿Está usted triste?

—No; estoy no más que moribundo.

Nadie sabe cuándo empezó el armonioso y bronco himno nupcial de las eternas bodas del Noguera de Tor con el Noguera Ribagorzana, ni nadie conoce tampoco en qué noche atroz y misteriosa habrá de vérsele el fin a tanta melodía. El mantenido rumor de dos ríos amándose es buena canción de cuna para viajeros olvidados, vagabundos con la conciencia en paz y mendigos que viven, como el jilguero franciscano, de lo que Dios olvida para que ellos encuentren. También es gentil despertador el eco de dos ríos arrullándose para quienes quieren ganar por la mano al sol que nace.

—¡Poético está usted!

—No crea; esto se me quitaba desayunando.

El viajero, aquella confusa mañanita histórica, desayunó en Pont de Suert, en casa de Tòfol Jordi Riu, razonable fondista que goza contemplando el gozo del parroquiano.

—¿Va usted muy lejos?

—Según como se mire: los hay que van más lejos aún.

Pont de Suert, al primer golpe, tiene aires de próspera explotación petrolera; no hace falta demasiada fantasía para

237

tomar los postes de la luz, que brotan como hongos por todas partes (un canónigo diría por doquier), con pozos de petróleo. A don Quijote le dieron el pego unos molinos y salió con las manos en la cabeza. La electricidad no es un hidrocarburo, que es algo más limpio y misterioso (aunque a veces suelte el zurriagazo del calambre); la prueba es que una bombilla no atufa y, en cambio, una lámpara de petróleo lo pone todo perdido y hecho un asco. Y no digamos si planta fuego a las cortinas, porque entonces es el crujir de huesos, el rechinar de dientes y el cagarse por la pierna. La luz eléctrica, bien mirado, está bastante bien inventada; la pena es que no se sepa, a carta cabal, qué cosa sea ni en qué consista su esencia y su fundamento.

—¡Claro! Eso es lo que uno dice.

El viajero, que no gusta de adornarse con galas ajenas, declara paladinamente que las antedichas sabidurías sobre la electricidad no son suyas, sino de su cofrade don Pantaleón Gallipienzo, alias Pepito Utrera, sacristán de San Martín de Taramundi, en Asturias, cantaor de flamenco —no obstante la latitud—, numismata, confitero de afición y hombre siempre atento a los progresos de la ciencia.

—No es por nada, pero le aplaudo su gesto de honradez al poner las cosas en su sitio.

—Gracias, caballero; es usted muy generoso en sus apreciaciones.

Se iba diciendo que Pont de Suert, así, a bote pronto, parece Maracaibo; las vacas y los altos y entrañables montes devuelven al viajero a su realidad.

—Otro bollo suizo, por favor.

—¿Y otro café?

—Bueno; póngame otro café.

Los pueblos, como las personas, o prosperan o cascan; a veces, la agonía es lenta y los pueblos (y las personas) se acecinan y aguantan una temporada en conserva para después morir, pudriéndose de repente, en cuanto les pica la primera mosca. Pont de Suert es pueblo próspero y que va para arriba; en seis años, multiplicó por seis sus quinientos habitantes.

—¿Y sigue creciendo?

—Por ahora, sí.

Sobre Pont de Suert descargó una nube de cordobeses de Baena, llegados en busca de trabajo. Baena es tierra confusa, rincón por el que la gente entra y sale desorientada y nerviosa; la demografía de Baena —y la de tantos y tantos otros lugares españoles— no tiene sino una sola constante clara y bien definida: la inestabilidad. Los andaluces de Pont de Suert levantaron su almofalla a las puertas del pueblo y la bautizaron por sí y ante sí, como los descubridores de remotos mundos; las cartas llegan sin más señas que Nueva Baena (Lérida) y sin expresión de que es un arrabal de Pont de Suert. Los ingleses del siglo XVII no se tomaron mayores precauciones con Nueva York y ahí está.

El viejo Pont de Suert, con sus callejas de rústicos soportales a vigas vistas, guarda aún la esencia de los afanes artesanos, de los oficios a los que no pudo mover el despiadado e incesante golpear del tiempo, esa muela cruel que ignora la fatiga y que nadie recuerda haber visto jamás con la lengua fuera. La nómina de las industrias, los comercios y las artes liberales de Pont de Suert es tan nutrida como variada y elocuente; un pueblo con quince abacerías, diez bodegas, media docena de tahonas, otras tantas carnicerías, cinco ferreterías, cuatro escuelas, tres tocinerías, dos confiterías y una librería, no es un aduar ni un villorrio. Pont de Suert tiene cinco practicantes para poner inyecciones y lavativas, cuatro médicos, tres curas, dos comadronas y un boticario, además de los funcionarios públicos y de los empleados de la hidroeléctrica, de un banco y de dos cajas de ahorros.

El viajero, con su desayuno y su ciencia a cuestas, se dio a patearse Pont de Suert, la próvida fuente de los kilowatios, entre jeeps descarados y veloces, señoritas bien vestidas y con zapatos nuevos, bicicletas nerviosas y medio enloquecidas, niñeras que cantan soleares por lo bajines, camiones poderosos y trepidantes, mozos de finos modales y ademán muy técnico y circunspecto, turismos recién pintados, clérigos de aire entre intelectual y deportivo, motocicletas de motor de explosión (¡y tanto!), caballeros de buen porte, radios que suenan con verdadero frenesí, y de vez en cuando —que todo hay que decirlo— un payés que marcha, como gallina en corral ajeno, pegado a las paredes. Pont de Suert, como todos los pueblos enriquecidos muy de prisa, creció al buen tuntún y sin mayor orden ni concierto, un poco tumultuariamente y mecido por un jaranero desbarajuste vivificador y confuso. Estas entidades desarrolladas dando la espalda a la ley natural del crecimiento —que exige su ritmo, sus pausas y su saludable cadencia— están siempre al borde de ver morir su euforia en la pubertad, como los bachilleres soñadores y zanquilargos a quienes el traje les queda irremediablemente escaso. La teoría general señala que, en torno a las minas —y Pont de Suert es una inmensa mina de luz—, la población crece sin cimientos y quemando sus necesarias etapas, aquellas que fraguan los sólidos estratos con que la ciudad se cualifica y, por añadidura, se diferencia del campamento. Lo que distingue a una ciudad de un campamento no es el número de sus habitantes (que puede haber ciudades minúsculas y campamentos inmensos), sino la permanencia y el ritmo de las formas de vida de esa población y de sus instituciones. En España, país poco campamental, no sobran los posibles ejemplos, aunque La Unión, a las puertas de Cartagena, pudiera serlo, y bien sintomático.

En el café Pepito, en la plaza de Mercadal, el viajero —se conoce que harto ya del empacho de monte y aire libre que se le pegó a los lomos en tantos días al pairo y tantas noches de relente— entró a respirar un poco de humo y a recordar el tiempo ido sintiéndose ciudadano gregario y anaerobio.

—¿Tiene chinchón?

—No, señor: cazalla.

240

—Buena es. Déme una copa de cazalla y un vasito de agua.

En esta plaza, por la Virgen de setiembre, suena la cobla y se bailan la sardana y el ball-pla; la cobla Iris, de Salt, provincia de Gerona, que suele llegarse a estas riberas a soplar, es muy famosa y melodiosa, muy pura y tradicionalista.

—¿Va a querer café?

—No.

Pont de Suert, a lo que piensa el viajero, ha de lidiar dos toros broncos y recelosos en la histórica tarde de su alternativa, esto es, cuando pase de campamento a ciudad y demuestre que tenía títulos suficientes para decidirse a hacerlo.

El primer morlaco será el del fin de las obras de la hidroeléctrica. Si para entonces los andaluces vuelven a hacer su hatillo y a levantar sus tiendas, ¡mala señal! Las ciudades digieren y hacen suyo todo lo que se les incorpora; los campamentos, por el contrario, se sienten incapaces de enfrentarse con este raro metabolismo y se disuelven o emigran. El viajero piensa que si Pont de Suert sabe y puede engullir a Nueva Baena y sumar a los neobaenenses a su cotidiano latir (como hizo Barcelona, por ejemplo, con los murcianos, y Buenos Aires o La Habana con los gallegos), será evidente y cierto que en el corazón de Pont de Suert vivía el huevo de la ciudad, su germen originario y fecundo. Los sociólogos y los economistas dicen pestes del monocultivo y preconizan la puesta en marcha de plurales fuentes de riqueza, quizá por aquello de que, si una puerta se cierra, pueda otra abrirse. El viajero ni entra ni sale en la cuestión, pero dice lo que deja dicho, porque para sí tiene que la electricidad —como el azúcar o el turismo— es un monocultivo que no se substrae a la ley general.

El segundo cornúpeta —el de la confirmación de la alternativa— puede ser que tarde aún algún tiempo en asomar la testa por la puerta de chiqueros. Este segundo y nada pastueño toro saltará al ruedo precedido por el clarinazo anunciador de que la energía atómica, una vez decidida a justificar su existencia ayudando a vivir —y no a morir— al hombre, se pone al servicio de la paz y sus necesidades; que este día no se adivine próximo, no es razón para desesperar de que llegue a marcarlo el calendario. El viajero desea que, para entonces, Pont de Suert, robusto y prepotente, tenga abiertas las mil propicias sendas de la fortuna.

—Más cazalla, por favor.

—¿Y otro vaso de agua?

—Sí. Y un puro que no sea muy caro.

El viajero, en Pont de Suert, tiene un amigo, poeta de buenas letras y hombre cabal y hospitalario, que se llama Llorenç Costa i Canudes. Hay hombres que gozan enseñando el campo que los vio nacer o el paisaje en que viven, y hay gentes —para que nada falte— que disfrutan poniendo cara de guardia al forastero. Llorenç Costa i Canudes, que pertenece a la benemérita primera especie, es el amoroso y puntual cicerone del viajero en su descubierta por el abigarrado mundo que hoy camina.

—¿Hace otra copita?

—No, gracias; de momento, ya tengo provisión.

De la mano de su amigo el anfitrión de errabundos, el viajero recorrió la parte nueva del pueblo, con sus calles de generoso trazado y sus módulos de viviendas, limpias, sí, pero también monótonas; escuchó hablar de geografía y de literatura con sensatez y buen criterio; saludó a su tocayo don Camilo Corts, el relojero de la calle Baja; se cortó un poco el pelo (¡menos bromas con la barba, patrón, que es sólo mía!) en el salón del maestro Vicent Pallé; fue presentado al notario Goday, truchómano, truchófilo y truchólogo que sabe de truchas más que nadie; entró en los bares y en las tabernas a hacer por la vida (las tapas calientes de la bodega Dos Hermanas, en la calle Mayor, son muy impresionantes aun en el recuerdo), y se detuvo ante la iglesia nueva, que es bellamente funcional y de traza moderna y airosa. El viajero piensa que el campanario, elegantemente exento, pudiera muy bien venir de las iglesias románicas que atrás se fueron quedando, escondidas como liebres, entre las quebradas del monte; por lealtad a los maestros románicos, al viajero le hubiera gustado ver la portada no en ojiva, sino en medio punto. Esto de las preferencias es algo que resulta difícil de justificar; algo, también, que en ningún caso lleva implícita suerte alguna de garantía de acierto.

El viajero, cuando se hizo la noche (y aquel día, quizás ahorcado en su veloz comba, fue breve como un suspiro), se lavó la cara, se cepilló un poco los pantalones, se puso una camisita limpia, se compró una cajetilla entera de bisontes y se dedicó, igual que un prócer, a hacer vida de sociedad; al principio estaba como envarado y confuso, pero después, cuando se bebió media docenita de copas y fue cogiendo confianza, hasta contó chistes y quedó galante y ocurrente con las damas.

—¿Sabe usted más de loros?

—No, señorita; de loros no sé ninguno más. En cambio, de curas sé lo menos treinta o cuarenta.

—¡Huy, de curas! ¡Qué descaro!

—No, señorita, un servidor no es descarado, sino respetuoso; los chistes de curas no los cuento más que a petición. ¿Los quiere usted de suegras, de boticarios, de maridos (éstos son algo picantes, tampoco mucho), de cortes de digestión, de Otto y Fritz, de Jaimito y su hermana, de caramelos envenenados con elixir de amor?

El viajero, aquella noche, durmió con la satisfacción del deber cumplido y soñó con la Edad Media, sus damas virtuosas y misteriosas y sus caballeros valientes (aunque poco variados).

—¿Durmió usted bien?

—Sí, hija, la mar de bien.

Las mozas pontarrinas andan como princesas y preparan unos desayunos aromáticos, nutricios, sabrosos, casi voluptuosos; unos desayunos para madres lactantes en buena posición.

—¿Quiere usted más?

—Sí, preciosa, ¡un día es un día!

Al viajero, a eso de la media mañana, lo llevaron a dar

una vuelta en gasolinera por la presa de Escales, que queda al sur de Pont de Suert y muy cerca. El día se mostraba alto y diáfano; el sol, clemente y acariciador; las aguas, tersas, y la amistad, propicia y bienaventurada.

—¿Se marea?

—No, señor; estaba dando gracias a Dios por lo bajo.

Al monasterio de Labaix, que queda a la banda de babor, a la que fue —en tiempos— media ladera del monte Cabeza de Fraile, se lo están comiendo las aguas por los pies. El desfiladero y la venta de Burrugat, con sus recuerdos de la arriería y el contrabando, se ahogaron ya para siempre y sin remisión; este tajo de Burrugat pasaba por Castarné de las Ollas, en el camino de Pont de Suert a Sopeira, ya en tierra aragonesa, donde ahora se estrangula el pantano. Sopeira quiere decir sopeña, sopiedra o sotapiedra, debajo de la peña o de la piedra; Sapeira, con a, en el Ribagorza leridano, vale por la piedra. Al viajero le da risa al pensar que sapeira, en gallego, significa nido de sapos, y sopeira, sopera.

—¿Se marea usted?

—No, señor; me río por lo bajo.

—¡Vaya!

Mirando para atrás se ven los montes Malditos, el Aneto y la Maladeta y, entre ambos, el paso de Mahoma. Por la banda de estribor asoman, encaramadas en su cerro, las casas de Aulet, también aragonesas.

—¿Eso es Aragón?

—Sí; eso es Aulet, lugar del ayuntamiento de Santoréns, partido judicial de Benabarre, provincia de Huesca.

Del Real Monasterio de Bernardos del Cister, o monasterio de Labaix, se guarda memoria desde el año 771, tercero del reinado de Carlomagno. Llorenç Costa i Canudes se sabe de corrido la historia de estas piedras ilustres ultrajadas por el tiempo, muertas en la hoguera, como las brujas, y apuntilladas, sin clemencia ni caridad alguna, por la técnica. En el libro becerro que llevaba la comunidad a estas piedras ruinosas y malaventuradas se les llamó con muy diversos nombres, todos parientes: Lavagus, Labadis, Lavadius, Lavagius, Lavags, Lavaces, Lavais, Labaix. El monasterio nació bajo la advocación de San Martín y sus monjes guardaban la regla de San Benito. En el siglo XI, fecha del claustro, Raimundo, canónigo de Roda y Urgel, se alzó con el santo y la limosna, se hizo prepósito manu militari (o como vulgarmente se dice, a patadas) y cambió la vida cenobítica en canonical aquisgranense; el viajero, aunque no muy ducho en estas sutilezas, piensa que ganó en comodidad. El papa Honorio III, en el siglo XIII, volvió las aguas a sus cauces, puso otra vez las cosas en su sitio y devolvió la casa a la regla que tuviera. Así se mantuvo hasta el 1835, el año de la desamortización de Mendizábal, en que ardió.

—¿Se marea?

—No, señor; me puse triste de repente.

El viajero piensa que hubiera costado muy poco trabajo —y muy poco dinero— salvar a estas piedras de su amarga y tímida (y también escandalosa) agonía. Cuando las aguas bajan, el monasterio de Labaix, como una fantasma a la que el miedo sujeta, se estremece, airoso y en la pura huesa, a la doliente orilla. Cuando las aguas suben, el monasterio de Labaix, igual que un condenado a muerte al que el espanto pone aún más allá de la resignación, cierra los ojos para no sentir el frío que le entra, casi con mansedumbre, por la raíz. Y cuando las aguas suben aún más todavía, el monasterio de Labaix, náufrago ilustre al que nadie quiso lanzar un cabo a tiempo, semeja un anciano navío roto contra la costa en su última singladura, aquella en que las fuerzas, durante tantos años mantenidas, le fallaron de golpe.

—¿Se marea?

—Sí.

Palma de Mallorca,
julio de 1963 - febrero de 1964.

INDICE

PRIMER PAÍS
EL PALLARS SOBIRÀ

SEGUNDO PAÍS
EL VALLE DE ARÁN

TERCER PAÍS
EL CONDADO DE RIBAGORZA

Colección libros de bolsillo Noguer

TITULOS PUBLICADOS

1. El doctor Jivago, *Boris L. Pasternak* (34.ª ed.)
2. A sangre fría, *Truman Capote* (17.ª ed.)
3. La colmena, *Camilo José Cela* (13.ª ed.)
4. Antes del Diluvio, *Herbert Wendt* (2.ª ed.)
5. La Catira, *Camilo José Cela* (5.ª ed.)
6. Gran Sol, *Ignacio Aldecoa* (5.ª ed.)
7. Los errores judiciales, *René Floriot* (2.ª ed.)
8. Mao Tse-tung, *George Paloczi-Horvath* (2.ª ed.)
9. El Gatopardo, *G. Tomasi de Lampedusa* (19.ª ed.)
10. Las revelaciones de Joe Valachi, *Peter Maas* (2.ª ed.)
11. Tierras del Ebro, *Sebastián Juan Arbó* (5.ª ed.)
12. Parte de una historia, *Ignacio Aldecoa* (2.ª ed.)
13. Empezó en Babel, *Herbert Wendt* (4.ª ed.)
14. Caminos de noche, *Sebastián Juan Arbó* (6.ª ed.)
15. Nada y así sea, *Oriana Fallaci* (2.ª ed.)
16. El Ejército traicionado, *Heinrich Gerlach* (5.ª ed.)
17. Los reporteros, *Christian Brincourt-Michel Leblanc* (2.ª ed.)
18. El camarada don Camilo, *Giovanni Guareschi* (3.ª ed.)
19. El caos y la noche, *Henry Montherlant* (3.ª ed.)
20. Viaje al Pirineo de Lérida, *Camilo José Cela* (4.ª ed.)

EN PREPARACION

21. El vértigo, *Evgenia Semionovna Ginzburg* (4.ª ed.)
22. La vida como es, *Juan Antonio de Zunzunegui* (7.ª ed.)
23. La aventura de mi vida, *David Niven* (2.ª ed.)